Gangnam Korean

강남 한국어 초급

저자 **김강남**

한국어교원1급
한국어 교육 경력 30년
교육학 박사

Gangnam Korean

강남 한국어

초급

김강남 저

behold

일러두기

「강남 한국어」는 한국어를 배우고 싶어 하는 외국인 학습자들을 위한 초급 단계의 교재입니다. 이 교재는 한글의 자음과 모음으로 시작하여 기본적이고 실제적인 의사소통을 목표로 한 초급과정 교재입니다. 이를 위해 말하기 중심의 생활 한국어와 한국 문화 소개를 통해 한국에 호기심을 가진 외국인들이 더욱 흥미롭게 학습할 수 있도록 구성하였습니다.

이 교재는 기초과정은 20시간, 초급과정은 한 과 당 8시간으로 총 180시간 동안 사용할 수 있도록 총 20개의 단원으로 구성되어 있습니다. 교재의 전체 구성은 아래와 같습니다.

▶ 기초1 ~ 4 : 한글의 기본 자모를 익히는 단원입니다.

▶ 초급1 ~ 20 : 생활 한국어와 한국문화를 익히는 단원입니다.

▶ CD : 듣기 활동의 녹음본과 읽기 본문, 발음 등이 QR형태로 수록되어 있습니다.

차례

내용구성표

단원	단원명	학습 내용
1	모음	아,야,어,여,오,요,우,유,으,이,애,얘,에,예,와,워,왜,웨,외,위,의
2	자음	ㄱ,ㄴ,ㄷ,ㄹ,ㅁ,ㅂ,ㅅ,ㅇ,ㅈ,ㅊ,ㅋ,ㅌ,ㅍ,ㅎ,ㄲ,ㄸ,ㅃ,ㅆ,ㅉ
3	글자의 구성	모음, 자음+모음, 모음+자음, 자음+모음+자음
4	받침과 발음	홑받침, 겹받침, 연음

단원	단원명	주제	어휘	문법	활동	문화
1	**안녕하세요?**	인사와 소개	인사말	명사+예요/이에요 명사+은/는	인사하기 소개하기	한국의 인사법
2	**이게 뭐예요?**	사물	주변 물건	지시대명사(이, 저, 그) 명사+이/가	주변 물건 이름 묻고 말하기	한국의 집
3	**약국이 어디에 있어요?**	위치와 장소	위치 명사 장소 명사	동/형+습니다/습니까? 명사(장소)+에 있다/없다	위치 말하기 길 묻고 답하기	한국의 공공기관과 공공장소
4	**지금 뭐해요?**	일상 생활	기본 동사 기본 형용사	명사(장소)+에서 명사+을/를 동사+아/어/해요	일상생활 말하기 장소와 활동 말하기	여러 가지 직업
5	**오늘은 몇 월 며칠이에요?**	날짜와 요일	숫자 날짜 요일	명사+이/가 아니에요 명사(시간)+에 동/형+겠	날짜와 요일 말하기 계획 말하기	한국의 공휴일
6	**이건 얼마예요?**	쇼핑	단위 명사 가격 색깔	명사+에 동사+(으)세요 명사+도	요청하기 구매하기 가격 말하기	한국의 쇼핑문화 한국의 화폐
7	**이분은 누구세요?**	높임말	높임말 가족 명칭	명사+께서 동/형+(으)세요 동사+고 있다(계시다) 명사+와/과, 명사+하고	소개하기 높임말 사용하기	한국의 가족과 촌수
8	**지금 어디에 가요?**	길 찾기	교통 관련 어휘	명사+에 가다/오다 동사+(으)러 가다/오다 명사+(으)로	길 찾기 교통 안내하기	한국의 행정구역
9	**매일 아침 7시에 일어나요**	하루 일과	시간 관련 어휘 하루 일과 동사	명사부터 명사까지 동/형+지만 동사+아/어서	시간 말하기 하루 일과 설명하기	한국의 특별한 생일
10	**어제 친구를 만났어요**	일상 생활	기본 형용사	동/형+았/었/했 안+동/형 동/형+지 않다	과거 말하기 부정문 말하기	한국의 교통문화

	단원명	주제	어휘	문법	활동	문화
11	**김치는 좀 매워요**	식생활	음식 이름 맛 표현 어휘	동사+고 동사+(을)ㄹ까요? ㅂ, ㄷ, ㅅ불규칙	제안하기 수락하기	한국의 명절음식과 배달문화
12	**이번 휴가에 뭐 할 거예요?**	계획	하다 동사	동사+(을)ㄹ 거예요 동/형+아/어/해	계획 말하기 미래 말하기 반말하기	한국의 명소
13	**우리 뭐 먹을까요?**	식당	요리 방법 관련 어휘	동사+아/어/해 주다 동사+(을)ㄹ게요	부탁하기 음식 주문하기	한국의 식사 예절
14	**날씨가 많이 추워졌어요**	날씨와 계절	날씨, 계절 관련 어휘	동/형+(으)니까 동/형+아/어/해 지다 명사+보다 더	계절과 날씨 말하기 계절 활동 말하기 이유 말하기	한국의 사계절 활동
15	**빨간색 신발을 사고 싶어요**	쇼핑	옷, 신발, 액세서리 관련 어휘	동사+고 싶다 명사+(이)나+명사 형+(은)ㄴ+명사	사고 싶은 물건 사기 희망 말하기	5월은 가정의 달
16	**영화가 슬퍼서 많이 울었어요**	감정	감정 표현 어휘	무슨+명사 동/형+아/어/해서 동/형+(으)면	감정 말하기 이유 말하기	한국의 공동체 문화 '우리'
17	**피곤해 보여요**	건강	증상 및 약국 관련 어휘	형용사+아/어/해 보이다 동사+지 말다 명사+전에/후에 명사+때문에	증상 말하기 아픈 사람에게 조언하기	세계의 민간요법
18	**한국어는 조금 어려운데 재미있어요**	한국어	한국어 사용 관련 어휘	동,형+지요? 명사+처럼 동,형+는데	한국어 사용의 어려움에 대해 말하고 쓰기	한국의 줄임말과 신조어
19	**약속 시간을 지켜야 해요**	생활 예절	생활 예절 관련 어휘	동,형+아/어/해야 하다 명사+말고 동,형+(을)ㄹ 것 같다	생활 예절에 대해 말하고 쓰기	일상생활 에티켓과 네티켓
20	**열심히 노력하면 꿈을 이룰 수 있어요**	꿈	취미와 특기 관련 어휘	동,형+(으)면 좋겠다 동,형+(을)ㄹ 수 있다/없다 동,형+(을)ㄹ 줄 알다/모르다	미래 계획 세우고 표현하기	한국인이 희망하는 직업

등장인물 소개

이름 폰나린
출신 태국
나이 18세

이름 라울
출신 인도
나이 20세

이름 카인
출신 러시아
나이 22세

이름 하안
출신 베트남
나이 21세

이름 노아
출신 나이지리아
나이 20세

이름 다희
출신 한국
나이 18세

이름 마리
출신 필리핀
직업 주부

이름 김성호
출신 한국
직업 마리 남편
회사원

이름 안나
출신 한국
직업 마리 딸
초등학생

이름 나미
출신 한국
직업 한국어 선생님

한국어 기초 과정

1과 모음
2과 자음
3과 글자의 구성
4과 받침과 발음

1과 모음

학습 목표: 모음을 읽고 쓸 수 있다.

기본 모음: 아, 어, 오, 우. 으, 이, 애, 에, 외, 위 (10개)
이중 모음: 야, 여, 요, 유, 얘, 예, 와, 워, 왜, 웨, 의 (11개)

ㅏ	ㅓ	ㅗ	ㅜ	ㅡ	ㅣ	ㅔ	ㅐ	ㅚ	ㅟ
a	əo	o	u	eu	i	e	ɛ	we	wi
ㅑ	ㅕ	ㅛ	ㅠ			ㅖ	ㅒ		
ya	yəo	yo	yu			ye	yɛ		
ㅘ	ㅝ			ㅢ		ㅞ	ㅙ		
wa	wə			ɨy		we	wɛ		

♣ 다음 모음을 보고 써 보세요.

모음	순서	연습					
ㅏ	①↓ㅏ②→	ㅏ					
ㅑ	①↓ㅑ②→ ③→	ㅑ					
ㅓ	①→ㅓ②↓	ㅓ					
ㅕ	①→ ②→ㅕ③↓	ㅕ					
ㅗ	①↓ ㅗ ②→	ㅗ					
ㅛ	①↓ ②↓ ㅛ ③→	ㅛ					
ㅜ	①→ ㅜ ②↓	ㅜ					
ㅠ	①→ ㅠ ②↓ ③↓	ㅠ					
ㅡ	①→ ㅡ	ㅡ					
ㅣ	ㅣ①↓	ㅣ					

아 야 어 여 오 요 우 유 으 이

※ 한글을 쓸 때는 위에서 아래로, 왼쪽에서 오른쪽으로 씁니다.

♣ 다음 모음을 보고 써 보세요.

모음	순서	연습					
아	아	아					
야	야	야					
어	어	어					
여	여	여					
오	오	오					
요	요	요					
우	우	우					
유	유	유					
으	으	으					
이	이	이					

※ 모음은 홀로 소리가 날 수 있으나 자음 'ㅇ'을 더해야 글자가 완성됩니다.

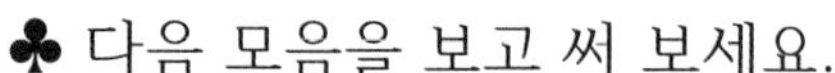
♣ 다음 모음을 보고 써 보세요.

모음	순서	연습					
ㅐ	②→ ①↓ ㅐ ③↓	ㅐ					
ㅒ	②→ ①↓ ㅒ ④↓ ③→	ㅒ					
ㅔ	②↓ ③↓ ①→ ㅔ	ㅔ					
ㅖ	③↓ ④↓ ①→ ㅖ ②→	ㅖ					
ㅘ	①↓ ③↓ ㅘ ④→ ②→	ㅘ					
ㅝ	④↓ ①→ ㅝ ②↓ ③→	ㅝ					
ㅙ	③↓ ④→ ①↓ ㅙ ⑤↓ ②→	ㅙ					
ㅞ	④↓ ①→ ㅞ ⑤↓ ②↓ ③→	ㅞ					
ㅚ	③↓ ①↓ ㅚ ②→	ㅚ					
ㅟ	③↓ ①→ ㅟ ②↓	ㅟ					
ㅢ	①→ ㅢ ②↓	ㅢ					

애 얘 에 예 와 워 왜 웨 외 위 의

♣ 다음 모음을 보고 써 보세요.

모음	순서	연습					
애	애	애					
얘	얘	얘					
에	에	에					
예	예	예					
와	와	와					
워	워	워					
왜	왜	왜					
웨	웨	웨					
외	외	외					
위	위	위					
의	의	의					

♣ 다음 단어를 소리 내어 읽으면서 써 보세요.

	아	이	아	이		
	오	이	오	이		
	우	유	우	유		
	여	우	여	우		
	위	위				

아이 오이 우유 여우 위

2과 자음

학습 목표: 자음을 읽고 쓸 수 있다.

기본 자음: ㄱ ㄴ ㄷ ㄹ ㅁ ㅂ ㅅ ㅇ ㅈ ㅊ ㅋ ㅌ ㅍ ㅎ (14개)
쌍자음: ㄲ ㄸ ㅃ ㅆ ㅉ (5개)

ㄱ	ㄴ	ㄷ	ㄹ	ㅁ	ㅂ	ㅅ	ㅇ	ㅈ	ㅎ
g/k	n	d/t	r/l	m	b/p	s	ng	j/t	h/t
기역	니은	디귿	리을	미음	비읍	시옷	이응	지읒	히읗
ㅋ		ㅌ			ㅍ			ㅊ	
k-h/k		t-h/t			p-h/p			ch/t	
키읔		티읕			피읖			치읓	
ㄲ		ㄸ			ㅃ	ㅆ		ㅉ	
gg/k		dd/t			bb/p	ss/t		zz	
쌍기역		쌍디귿			쌍비읍	쌍시옷		쌍지읒	

♣ 다음 자음을 보고 써 보세요.

자음	순서	연습					
ㄱ	ㄱ	ㄱ					
ㄴ	ㄴ	ㄴ					
ㄷ	ㄷ	ㄷ					
ㄹ	ㄹ	ㄹ					
ㅁ	ㅁ	ㅁ					
ㅂ	ㅂ	ㅂ					
ㅅ	ㅅ	ㅅ					
ㅇ	ㅇ	ㅇ					
ㅈ	ㅈ	ㅈ					
ㅊ	ㅊ	ㅊ					
ㅋ	ㅋ	ㅋ					
ㅌ	ㅌ	ㅌ					
ㅍ	ㅍ	ㅍ					
ㅎ	ㅎ	ㅎ					

♣ 다음 쌍자음을 써 보세요.

자음	순서	연습					
ㄲ	①② ㄲ	ㄲ					
ㄸ	①→③→ ㄸ ②④	ㄸ					
ㅃ	③→ ⑦→ ①↓②↓ ㅃ ⑤↓⑥↓ ④→ ⑧→	ㅃ					
ㅆ	② ① ㅆ ④ ③	ㅆ					
ㅉ	①→ ② ㅉ ④ ③⑤	ㅉ					

♣ 다음 자음을 보고 읽어 보세요.

ㄱ	ㅋ	ㄲ
ㄷ	ㅌ	ㄸ
ㅂ	ㅍ	ㅃ
ㅅ		ㅆ
ㅈ	ㅊ	ㅉ

가, 카, 까/ 다, 타, 따/ 바, 파, 빠/ 사, 싸/ 자, 차, 짜

♣ 다음 글자를 읽고 써 보세요.

	ㅏ	ㅑ	ㅓ	ㅕ	ㅗ	ㅛ	ㅜ	ㅠ	ㅡ	ㅣ
ㄱ	가									
ㄴ		냐								
ㄷ			더							
ㄹ				려						
ㅁ					모					
ㅂ						뵤				
ㅅ							수			
ㅇ								유		
ㅈ									즈	
ㅊ										치
ㅋ									크	
ㅌ								튜		
ㅍ							푸			
ㅎ						효				
ㄲ					꼬					
ㄸ				뗘						
ㅃ			뻐							
ㅆ		쌰								
ㅉ	짜									

	ㅔ	ㅖ	ㅐ	ㅒ	ㅘ	ㅝ	ㅙ	ㅞ	ㅚ	ㅟ	ㅢ
ㄱ	게										
ㄴ		녜									
ㄷ			대								
ㄹ				럐							
ㅁ					뫄						
ㅂ						붜					
ㅅ							쇄				
ㅇ								웨			
ㅈ									죄		
ㅊ										취	
ㅋ											킈
ㅌ										튀	
ㅍ									푀		
ㅎ								훼			
ㄲ							꽤				
ㄸ						뚸					
ㅃ					뽜						
ㅆ				썌							
ㅉ			째								

3과 글자의 구성

1) 모음

ㅏ = 아	ㅑ = 야

2) 모음 + 자음(받침)

아 + ㄴ = 안	야 + ㄱ = 약
오 + ㅅ = 옷	이 + ㄹ = 일

3) 자음 + 모음

ㄱ + ㅣ = 기	ㄷ + ㅗ = 도
ㄴ + ㅠ = 뉴	ㅅ + ㅡ = 스

4) 자음 + 모음 + 자음(받침)

ㄱ + ㅏ + ㅇ = 강	ㄴ + ㅏ + ㄴ = 난
ㅋ + ㅓ + ㅁ = 컴	ㅎ + ㅏ + ㄱ = 학

※ 한국어는 자음과 모음이 만나서 하나의 글자가 만들어지며, 받침은 글자 아래에 씁니다.

4과 받침과 발음

1) 홑받침

가 +	ㄱ	각					
	ㄴ	간					
	ㄷ	갇					
	ㄹ	갈					
	ㅁ	감					
	ㅂ	갑					
	ㅇ	강					

♣ 다음 글자를 만들어 보세요.

바	ㅁ	→	밤
새	ㅇ	→	
이	ㅂ	→	
규	ㄹ	→	
호	ㄴ	→	
다	ㄷ	→	

ㅁ	ㅜ	ㄴ	→	문
ㅎ	ㅏ	ㄹ	→	
ㄱ	ㅜ	ㄱ	→	
ㅈ	ㅓ	ㅂ	→	
ㄲ	ㅗ	ㅊ	→	
ㅃ	ㅏ	ㅇ	→	

♣ 받침 발음이 같아요. 다음 단어를 읽어 보세요.

자음(받침)	발음		단어
ㄱ, ㅋ, ㄲ	[ㄱ]	[k]	수박, 부엌, 밖
ㄴ	[ㄴ]	[n]	눈, 돈, 문
ㄷ, ㅅ, ㅈ, ㅊ, ㅌ, ㅎ, ㅆ	[ㄷ]	[t]	숟가락, 옷, 낮, 꽃, 밭, 있다
ㄹ	[ㄹ]	[l]	달, 말, 팔
ㅁ	[ㅁ]	[m]	김치, 몸, 엄마, 밤
ㅂ, ㅍ	[ㅂ]	[p]	집, 입, 앞, 옆
ㅇ	[ㅇ]	[ŋ]	강, 공, 가방, 사탕

♣ 다음을 잘 읽고 받침소리가 같은 것을 찾으세요.

강	솔	밑	줄	창	왼	응	약	몸	억
갔	갂	밥	닿	낮	밑	옆	힘	닿	볶
빛	옷	앞	촌	학	살	영	끝	곧	밤

ㄱ : ____________________　　ㄴ: ____________________

ㄷ : ____

ㄹ : ____________________　　ㅁ : ____________________

ㅂ : ____________________　　ㅇ : ____________________

♣ 다음 단어를 읽고 써 보세요.

가족	수박	부엌	약	학교
눈	산	돈	언니	반지
받침	숟가락	옷	햇빛	낮
꽃	끝	밑	팥빙수	히읗
달	별	내일	이불	과일
교실	딸기	몸	밤	이름
엄마	사람	김치	비빔밥	집
컵	입술	잎	무릎	빵
은행	공장	사랑	콩	선생님

2) 겹받침

앞 자음 발음					
ㄱㅅ	ㄱ	몫[목]	ㄹㅌ	ㄹ	핥다[할따]
ㄴㅈ	ㄴ	앉다[안따]	ㅂㅅ	ㅂ	값[갑]
ㄹㅂ	ㄹ	여덟[여덜]	ㄴㅎ	ㄴ	않고[안코]
ㄹㅅ	ㄹ	외곬[외골]	ㄹㅎ	ㄹ	싫다[실타]
뒤 자음 발음					
ㄹㄱ	ㄱ	닭[닥]	ㄹㅂ	ㅂ	밟다[밥따]
ㄹㅁ	ㅁ	삶[삼]	ㄹㅍ	ㅍ	읊다[읍따]

※ 겹받침 : 받침에 자음이 두 개 쓰인 것인데, 하나만 소리가 납니다.
예) 값[갑], 넓다[널따], 닭[닥], 흙[흑], 읽다[익따], 읽고[일꼬], 맑다[막따], 맑고[말꼬]

♣ 다음 단어를 읽고 발음을 써 보세요.

읽다	앉다	읊다	넓다
핥다	싫다	없다	값
많다	넋	맑다	삶다

3) 발음(연음법칙)

받침으로 끝나는 음절과 모음으로 시작하는 음절이 만날 때 연음시킵니다.

음 + 악 = 음악 [으막]
멀 + 어요 = 멀어요 [머러요]
있 + 어요 = 있어요 [이써요]

♣ 선생님을 따라 읽어 보세요.

한국어[한구거]	단어[다너]	발음[바름]
먹어요[머거요]	놀아요[노라요]	울어요[우러요]
작아요[자가요]	알아요[아라요]	일요일[이료일]
집에 가요[지베가요]	했어요[해써요]	왔어요[와써요]
입으세요[이브세요]	읽어요[일거요]	앉아요[안자요]

♣ 다음 단어를 소리내어 읽어 보세요.

가수	강아지	고양이	교실
김치	나무	누나	남자
노래	냉장고	다리	달
돈	돌	딸	달력
라디오	이름	물	창문
바지	바나나	바람	볼펜
불	비행기	버스	사람
사진	손	수건	숟가락
시장	신발	안경	아이스크림
아버지	양말	얼굴	어머니
오른쪽	왼쪽	우산	운동화
여자	인터넷	자전거	자동차
전화	지갑	주스	주머니
치마	치약	칫솔	초콜릿
침대	카드	카메라	커피
컴퓨터	컵	케이크	콜라
트럭	택시	텔레비전	턱
파티	포크	피아노	편지
포도	하늘	학교	한국
할머니	할아버지	화장실	햄버거

☞ 수업 관련 표현

읽어 보세요	써 보세요	말해 보세요
잘 들어 보세요	책을 보세요	여기 보세요
다음을 보세요	따라 하세요	외우세요
좋아요	잘 했어요	괜찮아요
같아요	달라요	설명해요
무슨 뜻이에요?	천천히 말해 주세요	다시 한 번 말해 주세요
몇 쪽이에요?	내일 만나요	수고하셨습니다
가: 다 했어요? 나: 네, 다 했어요.		
가: 숙제했어요? 나: 네, 했어요. / 아니요, 안 했어요.		
가: 질문 있어요? 나: 네, 있어요. / 아니요, 없어요.		
가: 맞아요? 나: 네, 맞아요. / 아니요, 틀려요.		
가: 알아요? 나: 네, 알아요. / 아니요, 몰라요.		
가: 알겠어요? 나: 네, 알겠어요. / 아니요, 모르겠어요.		
가: 이해했어요? 나: 네, 이해했어요. / 아니요, 이해 못했어요.		

☞ 문법 관련 어휘

주어	목적어	서술어	명사	대명사
동사	형용사	부사	조사	문장
비슷한말	반대말	대조	물음표	쉼표
마침표	따옴표	긍정	부정	의미/뜻
높임말	반말	의문	명령	감탄
단어	어휘	규칙	불규칙	탈락

1과 안녕하세요?

주제 인사와 소개
어휘 인사말
문법 명사+예요/이에요.
명사+에서 왔어요.
명사+은/는

복습 문법 패턴 연습
문장 만들기
활동 인사하기
소개하기
문화 한국의 인사법

선생님 : 안녕하세요?
하　안 : 안녕하세요? 선생님.
선생님 : 이름이 뭐예요?
하　안 : 제 이름은 하안이에요.
선생님 : 어디에서 왔어요?
하　안 : 베트남에서 왔어요.
선생님 : 만나서 반가워요.

발음

이름이[이르미]	한국에서[한구게서]
이름은[이르믄]	왔어요[와써요]

인사말

어휘

안녕하세요?
안녕하세요(안녕)?
만나서 반가워요.
만나서 반가워요.
안녕히 계세요(잘 있어).
안녕히 가세요(잘 가).
안녕히 주무세요(잘 자).
감사합니다(고마워).
아니에요.
죄송합니다(미안해).
괜찮습니다(괜찮아).
실례합니다.
잘 먹겠습니다.
맛있게 드세요(많이 먹어).
다녀오겠습니다.
잘 다녀와.
주말 잘 보내세요.
너도 잘 보내.

문법 1 명사 + 이에요/예요: 사람, 사물의 이름이 무엇인지 묻거나 말할 때 사용해요.

받침 ○ → 이에요		받침 × → 예요	
책 학생	책이에요 학생이에요	친구 의자	친구예요 의자예요

가: 책이에요?
나: 네, 책이에요.

가: 책상이에요?
나: 아니요, 의자예요.

연습 1. 〈보기〉와 같이 쓰세요.

〈보기〉
하안: 안녕하세요? 하안**이에요**.
카인: 안녕하세요? 카인**이에요**.

2. 반 친구에게 인사를 하고 나의 이름을 말해 보세요.

3. 〈보기〉와 같이 쓰세요.

〈보기〉 안나 | 지우개

안나**예요**?
네, 안나**예요**.

연필**이에요**?
아니요, 지우개**예요**.

1) 어머니______________? 네, 어머니______________.

2) 사과________________? 아니요, 수박______________.

3) 한국사람____________? 네, 한국사람______________.

4. 알맞은 것에 동그라미 하세요.

1) 다희(이에요/예요) 2) 포도(이에요/예요) 3) 선생님(이에요/예요)

■ 꼭 알아두기 명사+입니다/입니까?

명사(이에요/예요)는 명사(입니다)와 바꾸어 쓸 수 있어요. 그리고 명사(이에요?/예요?)는 명사(입니까?)와 바꾸어 쓸 수 있어요. '명사+입니다/입니까'는 명사의 받침과 관계없이 사용해요.

예) 학생입니까? 네. 학생입니다.

연습) 1. 쌀________? 네, 쌀________. 2. 망고________? 아니요, 귤________.

문법 2 명사(어디) + 에서 왔어요: 출신국이나 출신 지역을 말할 때 사용해요.

- 가: 어디에서 왔어요? 나: 미얀마에서 왔어요.
- 가: 몽골에서 왔어요? 나: 네, 몽골에서 왔어요.
- 가: 한국에서 왔어요? 나: 아니요, 캄보디아에서 왔어요.

연습 1. 〈보기〉와 같이 대화를 완성하세요.

〈보기〉

가: 어디**에서 왔어요**? 나: 네팔**에서 왔어요.**

1) 가: 어디에서 왔어요? 나: ______________________.

2) 가: 중국에서 왔어요? 나: 네, ______________________.

3) 가: 페루에서 왔어요? 나: 아니요. ______________________.

4) 가: ______________________? 나: 서울에서 왔어요.

5) 가: ______________________? 나: 네, 인도네시아에서 왔어요.

2. 알맞은 대화를 연결하세요.

1) 안녕하세요? 이름이 뭐예요? •	• 서울에 살아요.
2) 어디에서 왔어요? •	• 제 이름은 라울이에요.
3) 만나서 반갑습니다. •	• 인도 뉴델리에서 왔어요.
4) 지금 어디에 살아요? •	• 네, 만나서 반갑습니다.

■ **꼭 알아두기** 연음법칙

연음법칙은 앞 음절 자음이 뒤 음절 모음의 자리로 이동하여 발음되는 것을 말해요.

예) 단어[다너] 음악[으막] 법원[버뷘] 직업[지겁] 외국인[외구긴] 몇 월[며뒬]

연습) 연음에 주의하여 발음을 써 보세요.

1. 모음으로 [ ] 2. 발음을 [ ] 3. 군인이 [ ]

4. 연음에 [ ] 5. 옷 아래 [ ] 6. 숲 위 [ ]

문법 3 명사 + 은/는: 문장의 주어를 나타내거나 이름, 직업 등을 소개할 때 사용해요.

받침 ○ → 은		받침 × → 는	
이름 직업	이름은 직업은	저 언니	저는 언니는

- 제 이름은 나미예요.
- 제 고향은 서울이예요.
- 나미는 한국어 선생님이에요.
- 김성호 씨는 안나 아빠예요.

연습 1. 알맞은 것을 고르세요.

〈보기〉

하안(은/는) 제 친구예요.

1) 제 이름(은/는) 마이클이에요.

2) 동생(은/는) 학생이에요.

3) 언니(은/는) 가수예요.

4) 저(는/은) 회사원이예요.

2. 보기와 같이 문장을 완성하세요.

〈보기〉 저는 마리입니다.

1) 제 이름( ) 민수입니다.

2) 저( ) 한국에서 왔습니다.

3) 제 직업( ) 한국어 선생님입니다.

4) 저( ) 한국어를 가르칩니다.

■ **꼭 알아두기** '명사+은/는'의 또 다른 의미 '대조'

'명사+은/는'은 위와 같이 문장의 주어를 나타내거나 대조의 뜻을 나타내요.

예) 엄마는 선생님입니다. 그러나 아빠는 회사원입니다.

사탕은 달아요. 그러나 약은 써요.

연습) 아래의 괄호 안에 알맞게 써 보세요.

1. 동생( ) 키가 큽니다. 하지만 형( ) 키가 작습니다.

2. 과자( ) 안 좋아해요. 하지만 과일( ) 좋아해요.

복 습

1. **'명사+예요/이에요'** 아래의 표를 완성하세요.

휴지통	휴지통이에요.	종이	
마이크		비닐	
화장품		우산	
플라스틱		여자	
텔레비전		노인	

2. **'명사+에서 왔어요'** 출신을 나타내는 문장을 만들고 발표해 보세요.

예) 어디에서 왔어요? 인도에서 왔어요.

연습) ____.

3. **'명사+은/는'** 아래의 표를 완성하세요.

저	저는	형	
당신		친구	
취미		학교	
나라		선생님	
나이		부모님	

4. **'명사 + 은/는'** 이름, 직업 등을 소개하는 문장을 만들고 발표해 보세요.

예) 저는 한국 사람이에요. 저는 학생이에요.

연습) ____.

5. 아래의 빈칸을 채우세요.

다 희: 안녕하세요? 이름이 뭐예요?

노 아: 안녕하세요? ____________ 노아입니다.

다 희: ____________ 왔어요?

노 아: 저는 ______________ 왔어요. (나이지리아)

다 희: 만나서 반가워요.

노 아: 네, 만나서 ______________.

■ **꼭 외우기** 안녕하세요? 감사합니다. 죄송합니다.

활동1 듣고 말하기

1. 폰나린과 마리가 이야기해요. 잘 듣고 질문에 답해 보세요.

1) 마리는 중국에서 왔어요? 네 / 아니오

2) 폰나린은 어느 나라에서 왔어요?

① 태국　　② 필리핀

3) 폰나린은 지금 어디에 살아요?

① 마닐라　　② 치앙마이　　③ 서울

2. 친구하고 서로 이야기해 보세요.

이름이 뭐예요?
어느 나라 사람이에요?
지금 어디에 살아요?

각 나라의 수도를 공부해요.

나라	수도	나라	수도	나라	수도	나라	수도
네팔	카트만두	몽골	울란바토르	인도네시아	자카르타	캄보디아	프놈펜
대만	타이베이	방글라데시	다카	인도	뉴델리	태국	방콕
러시아	모스크바	베트남	하노이	일본	도쿄	필리핀	마닐라
미국	워싱턴	스리랑카	콜롬보	우즈베키스탄	타슈켄트	한국	서울
미얀마	네피도	이집트	카이로	중국	베이징	캐나다	오타와

활동2 읽고 쓰기

1. 글을 읽고 질문에 답하세요.

> 제 친구 이름은 미나예요.
> 한국에서 왔어요. 지금 하노이에 살아요.
> 제 친구는 학생이에요.

1) 미나는 어디에서 왔어요? ______________________.

2) 미나는 지금 어디에 살아요? ______________________.

2. 글을 완성하세요.

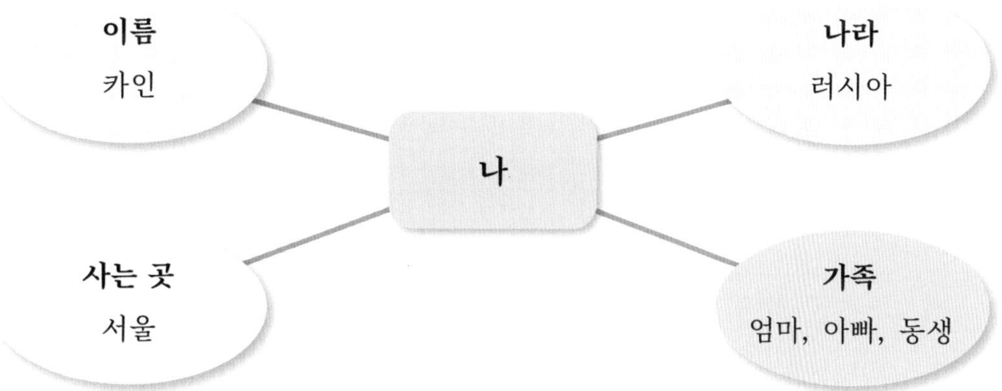

안녕하세요? 저는 ______________ 예요(이에요).

______________ 에서 왔어요. 지금 ______________ 에 살아요.

우리 가족은 ______________ 이에요.

tip

한국어 문장의 순서

1. 주어 + 서술어	꽃이 핀다. 날씨가 좋다. 사과가 비싸다.
2. 주어 + 목적어 + 서술어	나는 한국어를 배운다. 수미가 책을 읽는다.
3. 주어 + (목적어) + 부사어 + 서술어	나는 노래를 아주 잘 한다. 나는 열심히 공부한다. 내 친구는 정말 착하다.

한국의 인사법

1. 한국 사람들은 어떻게 인사할까요? 아래 그림을 보고 말해 보세요.

2. 선생님이나 친구의 부모님께는 어떻게 인사할까요?

3. 친구나 후배에게는 어떻게 인사할까요?

4. 다른 나라 사람들은 어떻게 인사할까요?

2과 이게 뭐예요?

주제	사물	복습	문법 패턴 연습 문장 만들기
어휘	주변 물건 관련	활동	주변 물건 이름 묻고 답하기
문법	이, 그, 저 명사+이/가	문화	한국의 집

1. 여기는 어디예요?

2. 무엇이 있어요?

발음

교실에[교시레]　　책상[책쌍]　　있어요[이써요]
거실에[거시레]　　무엇이[무어시]

어휘

창문
커튼
에어컨
달력
태극기
시계
칠판
지우개
지도
문
책상
의자
연필
공책
책
가방

형광등
책장
컴퓨터
서랍장
옷장
거울
그림액자
방문
침대
이불

문법 1

이/ 그/ 저 : 사람, 사물, 장소, 시간을 가리킬 때 사용해요.

이/ 저/ 그 + 명사		
이분, 그분, 저분(사람) 이것, 그것, 저것(사물)	이건/ 그건/ 저건 (이것은/ 그것은/ 저것은)	이-나에게 가깝다 그-너에게 가깝다 저-나, 너에게 멀다
이게/ 그게/ 저게 (이것이/ 그것이/ 저것이)	이걸/ 저걸/ 그걸 (이것을/ 저것을/ 그것을)	

- 그 사람은 누구예요?
- 그건 안경이에요.
- 이곳은 은행이에요.
- 이건 컵이에요.
- 이 사람은 스리랑카 사람이에요.
- 저 사람은 그 사람이 아니에요.

연습 1. 〈보기〉와 같이 쓰세요.

의자

〈보기〉

가: **이것은** 뭐예요?

나: 의자예요.

1)

시계

가: 이게 뭐예요?

나:____________

2)

컴퓨터

가: 저게 뭐예요?

나:____________

3)

가방

가: 이건 뭐예요?

나:____________

4)

창문

가: 그건 뭐예요?

나:____________

■ **꼭 알아두기** **대명사**는 명사를 대신해요. 대명사의 예는 다음과 같아요.

사람(인칭대명사)		사물, 장소, 시간(지시대명사)	
나, 우리, 저, 저희 너, 너희, 당신	그, 그녀, 이분, 저분 누구, 아무, 자기, 당신	이것, 저것, 그것, 이, 그, 저, 무엇, 어디	여기, 저기, 거기 언제(이때, 접때, 그때)

문법 2

명사 + 이/가 : 문장의 주어를 말할 때 사용해요.

받침 ○ → 이		받침 × → 가	
이름 집	이름이 집이	여기 의자	여기가 의자가

- 무엇이 있어요?
- 이름이 뭐예요?
- 시간이 있어요?
- 컴퓨터가 있어요.
- 재미가 있어요.
- 핸드폰이 없어요.

연습 1. 알맞은 것을 고르세요.

〈보기〉 여기(이/㉮) 제 집이에요.

1) 집(이/가) 있어요.

2) 저기(이/가) 약국이에요.

3) 학교(이/가) 어디예요?

4) 두리안(이/가) 너무 비싸요.

5) 맛(이/가) 있어요?

6) 돈(이/가) 없어요.

2. 〈보기〉와 같이 그림을 보고 쓰세요.

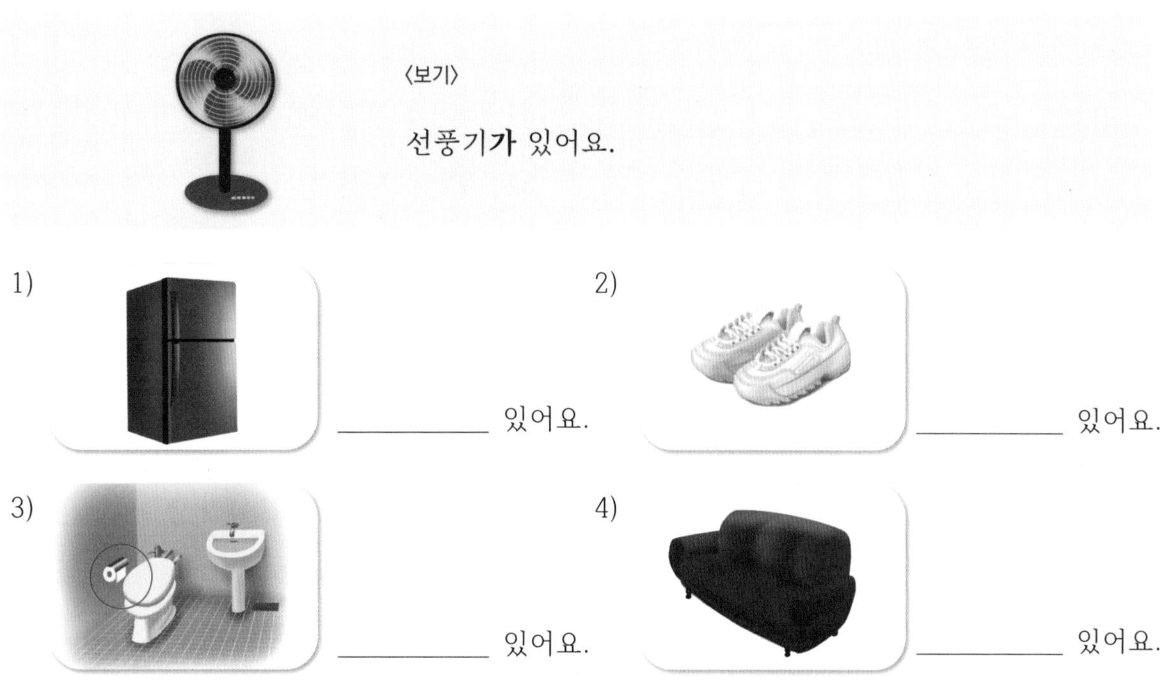

〈보기〉

선풍기**가** 있어요.

1) ________ 있어요.

2) ________ 있어요.

3) ________ 있어요.

4) ________ 있어요.

복 습

1. **'이/그/저'** 사람, 사물, 장소, 시간을 가리키는 문장을 만들고 발표해 보세요.

예) 저기는 어디예요?

연습) ____.

2. 아래의 표를 완성하세요.

명사	이/가	명사	이/가
생활	생활이	일	
직업		공부	
쇼핑		식당	
노인		아이	

3. **'명사 + 이/가'** 주어를 나타내는 문법을 사용하여 문장을 만들고 발표해 보세요.

예) 여기가 우리 집이에요.

연습) ____.

4. 어디입니까? 아래 대화를 완성하세요.

1) 가: 여기가 어디예요? 나: ______________________.(버스 정류장)

2) 가: 저기가 어디입니까? 나: ______________________.(문구점)

3) 가: ______________________. 나: 여기가 운동장입니다.

4) 가: ______________________. 나: 저기가 친구 집이에요.

■ **꼭 알아두기** 사람을 나타내는 인칭대명사

인칭대명사 + 의	(나, 너, 저) 내, 네, 제	누가 언니예요?, 네가 아니야?
인칭대명사 + 가	(나, 너, 저) 내가, 네가, 제가	제가 언니예요. 내가 언니야.

■ **꼭 외우기** 이게 뭐예요? 그게 뭐예요? 어디예요?

활동1 듣고 말하기

1. 잘 듣고 질문에 답하세요.

1) 방에는 무엇이 있어요?

______________________________.

2) 방에는 무엇이 없어요?

______________________________.

3) 방에 컴퓨터가 있어요?

______________________________.

2. 친구하고 이야기해 보세요.

학교에 무엇이 있어요?
가족이 누가 있어요?
교실에 무엇이 있어요?

tip

발음: 겹받침

한글 겹자음 또는 겹받침은 모두 11가지예요. 소리 내어 읽어 보세요.

1. ㄱㅅ	넋[넉] 넋이[넉시] 몫을[목슬]
2. ㄴㅈ	앉다[안따] 앉아요[안자요]
3. ㄴㅎ	많다[만타] 많아요[마나요]
4. ㄹㄱ	읽다[익따] 읽어요[일거요] 닭[닥]
5. ㄹㅁ	젊다[점따] 젊어요[절머요]
6. ㄹㅂ	넓다[널따] 넓어요[널버요]
6. ㄹㅅ	외곬[외골]
8. ㄹㅌ	핥다[할따] 핥아요[할타요]
9. ㄹㅍ	읊다[읍따] 읊어요[을퍼요]
10. ㄹㅎ	싫다[실타] 싫어요[시러요]
11. ㅂㅅ	없다[업따] 없어요[업써요]

활동2 읽고 쓰기

1. 글을 읽고 질문에 답하세요.

여기는 제 방입니다. 침대가 있습니다.
책상과 의자도 있습니다.
컴퓨터가 있습니다.
창문이 있습니다. 커튼도 있습니다.
거울이 있습니다. 그림 액자도 있습니다.

1) 거울이 있습니까? ______________________________.

2) 텔레비전이 있습니까? ______________________________.

3) 방에 있는 물건들을 모두 써 보세요.

______________________________.

______________________________.

여러분의 방을 소개해 보세요.

여기는 제 방입니다.

한국의 집

전통 주택 – 한옥

단독주택

다세대 · 다가구 주택

빌라

아파트

원룸

주제	위치와 장소	복습	문법 패턴 연습 문장 만들기
어휘	위치, 장소 명사	활동	위치 말하기 길 묻고 답하기
문법	습니다/ㅂ니다 습니다/습니까? 장소+에 있다/없다	문화	공공기관 및 공공장소

1. 여러분 집은 어디에 있습니까?

2. 약국이 집 앞에 있습니까?

발음

집은[지븐]　　　　집 앞에[지바페]
약국이[약꾸기]　　있습니까[인씀니까]

위치, 장소 관련 어휘

어휘

위치 관련 어휘

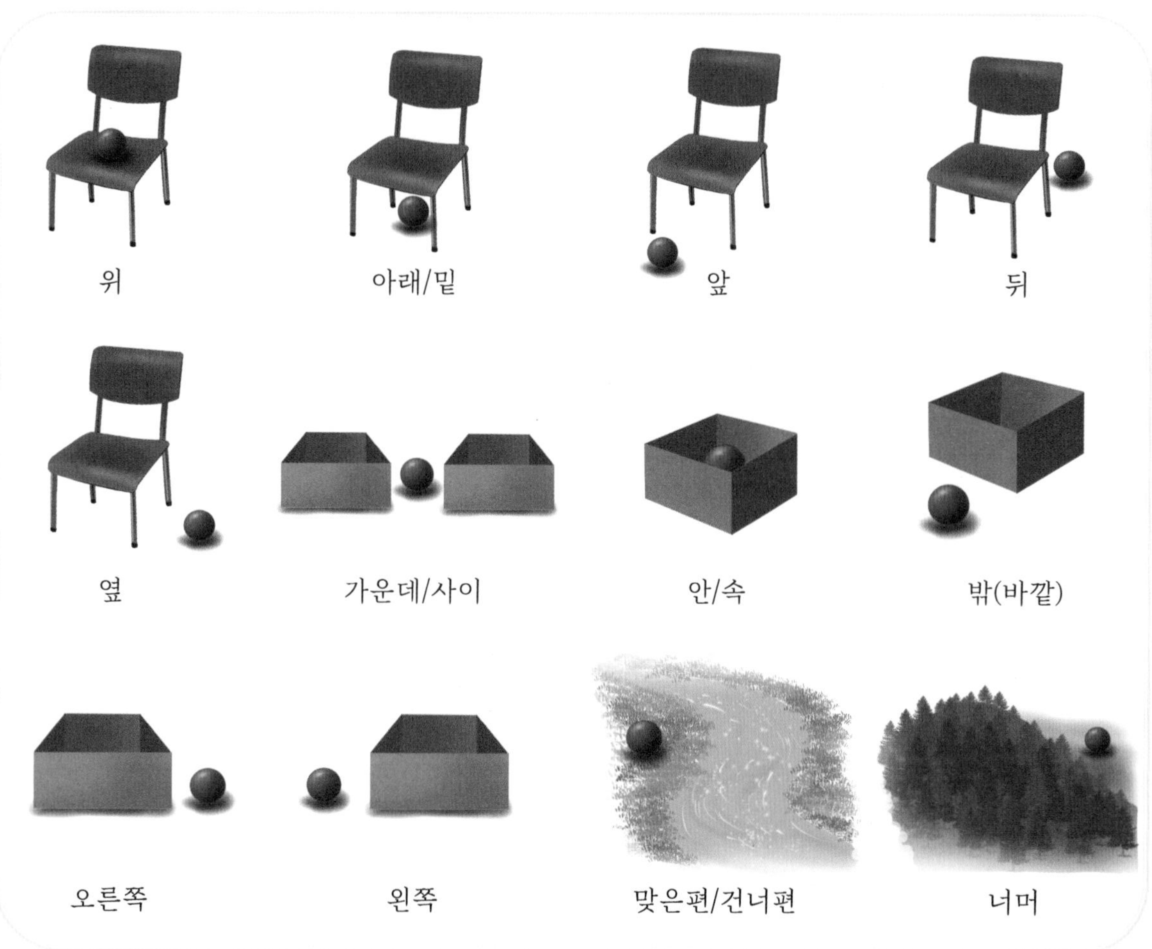

장소 관련 어휘

문법 1 (장소명사) + 에 있다/없다 : 사람이나 사물의 장소, 위치를 말할 때 사용해요.

• 어디에 있습니까? • 학생이 학교에 있습니다. • 다희가 교실에 없습니다.

연습 1. 〈보기〉와 같이 대화를 완성하세요.

〈보기〉 우리 집 냉장고 침대 옆 시장 맞은편 가방 안

1) 가 : 동생은 어디에 있습니까? 나 : ______________________.

2) 가 : 물은 어디에 있습니까? 나 : ______________________.

3) 가 : 책이 책상 위에 있습니까? 나 : 아니요, ______________________.

4) 가 : 빵집은 어디에 있습니까? 나 : ______________________.

5) 가 : 전화기가 부엌에 있습니까? 나 : 아니요, ______________________.

2. 집 근처에 무엇이 있습니까? 다음 그림을 보고 〈보기〉와 같이 이야기해 보세요.

〈보기〉 가 : 집이 어디**에 있습니까**? 나 : 학교 앞**에 있습니다.**

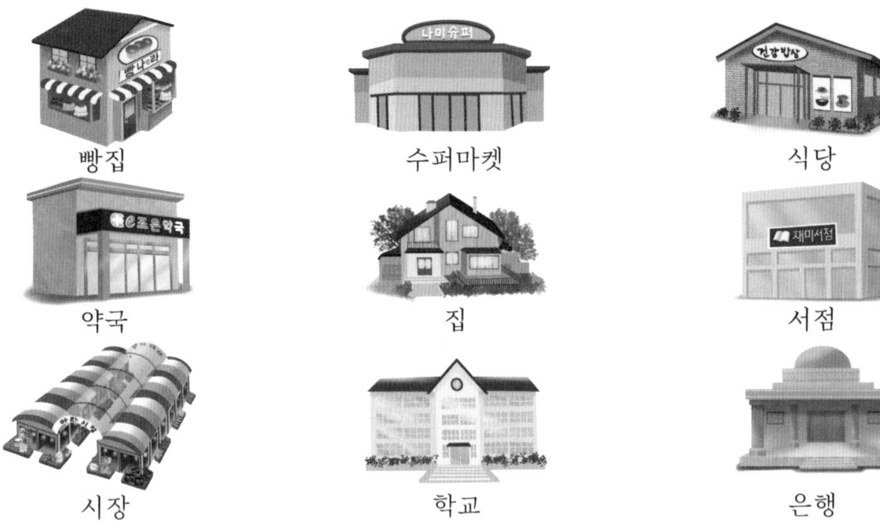

3. 여러분 집 근처에는 무엇이 있습니까? 이야기해 보세요.

우리 집은 ______________에 있습니다. 집 오른쪽에 ______________이/가 있습니다.

집 뒤에 ______________이/가 있습니다. 집 맞은편에 ______________이/가 있습니다.

문법 2 -습니다/습니까 : 사람이 무엇을 하는지, 사물이 어떤지 묻고 답할 때 사용해요.

받침 ○	받침 ×
동사, 형용사 + 습니다/습니까	동사, 형용사 + ㅂ니다/ㅂ니까
키가 작습니다/작습니까 밥을 먹습니다/먹습니까 사과가 맛있습니다/맛있습니까	키가 큽니다/큽니까 물을 마십니다/마십니까 공부를 합니다/합니까

연습 1. 〈보기〉와 같이 대화를 완성하세요.

〈보기〉 가 : 한국어가 재미있**습니까**? 나 : 네, 재미있**습니다**.

1) 가 : 어디에 갑니까? 나 : 학교에 ________________.

2) 가 : 영화를 봅니까? 나 : 네, ________________.

3) 가 : 한국어 숙제가 있습니까? 나 : 아니요, ________________.

2. 다음 표를 완성하세요.

동,형 + 습니다/ 습니까		동,형 + ㅂ니다/ㅂ니까		명사 + 입니다/입니까*	
먹다		가다		과자	
많다		오다		아기	
밝다		보다		우유	
읽다		마시다		사탕	
웃다		행복하다		물	
있다		공부하다		친구	
없다		일하다		동생	
좋다		바쁘다		가족	
싫다		만들다**		아침	

■ **꼭 알아두기** 'ㄹ' 받침 뒤에 첫 자음으로 'ㄴ, ㅂ, ㅅ'가 오면 'ㄹ'이 탈락해요. **(ㄹ탈락)**

예) 울다 → 웁니다 놀다 → 놉니다 알다 → 압니다

연습) 만들다 → ________________ 살다 → ________________

복 습

1. **'-습니다/ ㅂ니다'** 사람이 무엇을 하는지, 사물이 어떤지 묻고 답하는 문장을 만드세요.

예) 컴퓨터, 비싸다 ➔ 컴퓨터가 비쌉니다.

1) 날씨, 좋다 ➔ ______________________________.

2) 돈, 많다 ➔ ______________________________.

3) 친구, 있다 ➔ ______________________________.

4) 동생, 오다 ➔ ______________________________.

5) 공기, 나쁘다 ➔ ______________________________.

6) 고민, 있다 ➔ ______________________________.

7) 병원, 가깝다 ➔ ______________________________.

8) 기분, 우울하다 ➔ ______________________________.

2. 아래 빈칸을 채우고, 알맞은 표현에 동그라미 하세요.

저는 ______________ 입니다. 저는 ______________ 왔습니다.

저는 학생 (습니다, 입니다). 저는 지금 서울에 (살습니다. 삽니다).

집이 학교 근처에서 아주 (가깝습니다, 가깝니다)

3. **'-습니까/ㅂ니까, -습니다/ㅂ니다'** 아래 대화를 완성하세요.

예) 가: 병원이 어디에 있습니까? 나: 병원이 동네 사거리에 있습니다.

1) 가: 밖에 사람이 많습니까? 나: 아니요, ______________________________.

2) 가: 알겠습니까? 나: 아니요, ______________________________.

3) 가: 질문이 있습니까? 나: 아니요, ______________________________.

4) 가: 가족입니까? 나: 네, ______________________________.

5) 가: 부모님이 어디에 계십니까? 나: ______________________________.

■ **꼭 외우기** 집이 어디에 있습니까? 학교 근처에 있습니다.

활동1 듣고 말하기

1. 잘 듣고 알맞은 그림에 동그라미 하세요.

2. 친구하고 서로 이야기해 보세요.

〈보기〉 가 : 책이 어디에 있어요? 나 : 책이 책상 위에 있어요.

책 컴퓨터 가위 지우개 공책 가방 연필 의자 물통 시계

활동2 읽고 쓰기

다음 글을 잘 읽고 질문에 답하세요.

우리 집 오른쪽에 문구점이 있습니다. 우리 집 왼쪽에 서점이 있습니다. 서점 뒤에 학교가 있습니다. 학교 안에 운동장이 있습니다. 학교 오른쪽에 슈퍼마켓이 있습니다. 슈퍼마켓 앞에 미용실이 있습니다. 약국은 없습니다. 미용실 옆에 버스 정류장이 있습니다.

1) 위에 설명을 따라 그림을 그려 보세요.

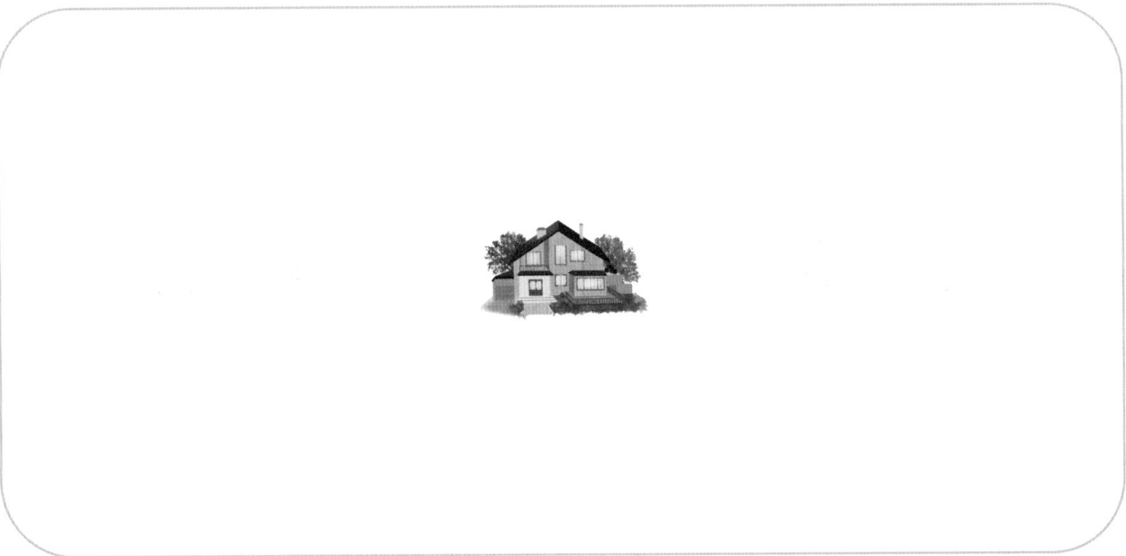

2) 여러분이 살고 싶은 동네를 만들어 보세요.

〈방법〉

① 친구와 '가위바위보'를 해서 이긴 사람이 단어 카드 한 장을 선택합니다.
② 선택한 단어 카드를 우리 동네에 넣습니다.
③ 가장 많은 단어 카드를 가지고 '우리 동네'를 먼저 만든 사람이 이깁니다.

한국의 공공기관과 공공장소

학교

시청

주민센터

경찰서

소방서

우체국

법원

지하철역

공원

도서관

백화점

병원

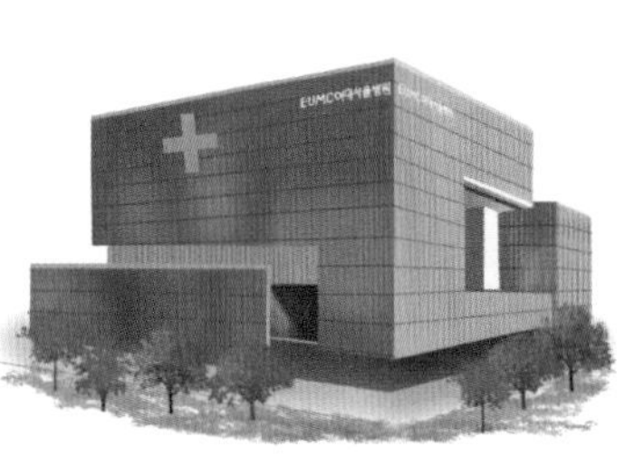

버스 정류장

놀이터

공중 화장실

4과 지금 뭐해요?

주제 일상생활
어휘 동사, 형용사
문법 명사+을/를
동사+아/어/해요
명사+에서

복습 문법 패턴 연습
문장 만들기
활동 일상생활 말하기
장소와 활동 말하기
문화 여러 가지 직업

1. 여러분은 지금 뭐해요?

2. 매일 학교에서 무엇을 해요?

3. 주말에 뭘 해요?

발음

여러분은[여러부는] 학교에서[학꾜에서]
무엇을[무어슬] 주말에[주마레]

동사와 형용사

어휘

동사

공부하다(공부해요) 씻다(씻어요) 듣다(들어요) 말하다(말해요)

놀다(놀아요) 노래하다(노래해요) 먹다(먹어요) 청소하다(청소해요)

형용사

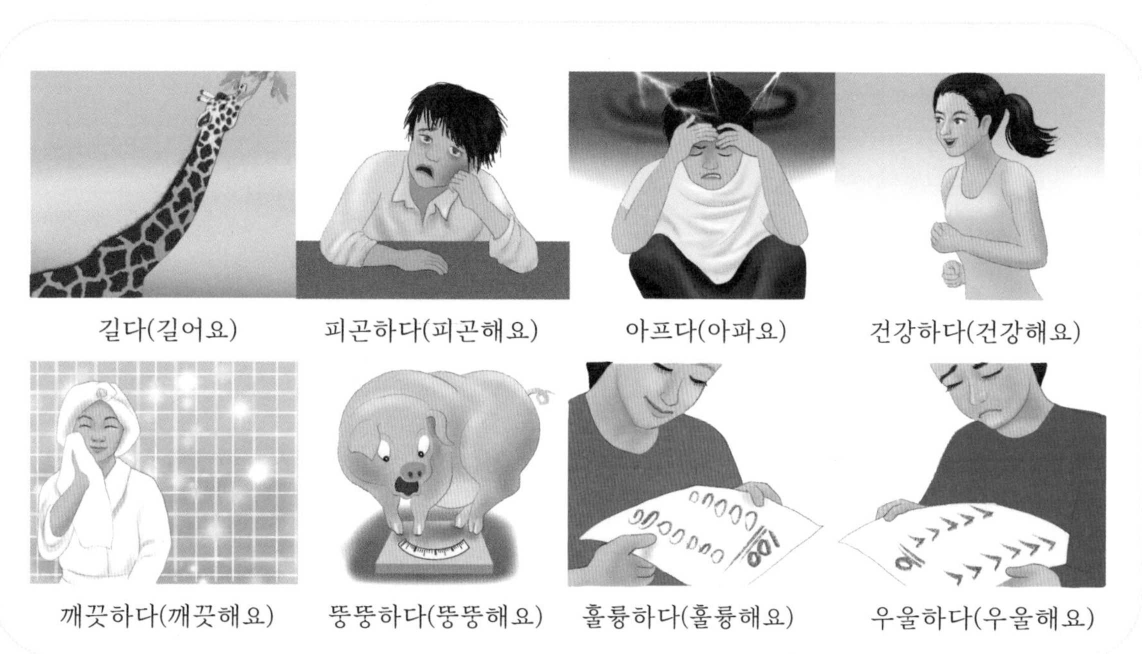

길다(길어요) 피곤하다(피곤해요) 아프다(아파요) 건강하다(건강해요)

깨끗하다(깨끗해요) 뚱뚱하다(뚱뚱해요) 훌륭하다(훌륭해요) 우울하다(우울해요)

반대말 단어장

동사		형용사	
가다	오다	같다	다르다
앉다	서다	크다	작다
웃다	울다	굵다	가늘다
자다, 눕다	일어나다	넓다	좁다
밀다	당기다	덥다	춥다
(문을) 열다	닫다	높다	낮다
(물건을) 사다	팔다	많다	적다
살다	죽다	짜다	싱겁다
(소식을) 알다	모르다	진하다	연하다
입다, 신다, 쓰다	벗다	하얗다(하얘요)	까맣다(까매요)
(물건을) 주다	받다	빨갛다(빨개요)	파랗다(파래요)
(손을) 잡다	놓다	가깝다	멀다
(쓰레기를) 줍다	버리다	기쁘다	슬프다
(꽃이) 피다	지다	맛있다	맛없다
(차를) 타다	내리다	재미있다	재미없다
(친구를) 만나다	헤어지다	배고프다	배부르다
일하다	쉬다	날씬하다	뚱뚱하다
더하다	빼다	어리다, 젊다	나이가 많다
(테이프를) 붙이다	떼다	조용하다	시끄럽다
이기다	지다	따뜻하다	시원하다
성공하다	실패하다	지혜롭다	어리석다
출발하다	도착하다	용감하다	겁이 많다
(일을) 시작하다	끝나다, 마치다	익숙하다	낯설다
(시간을) 절약하다	낭비하다	필요하다	필요 없다

문법 1 명사 + 을/를 + 동사 + 아/어/해요 : 무엇을 하고 있는 지를 말할 때 사용해요.

명사 받침 ○ → 을		명사 받침 × → 를	
밥	밥을	요리	요리를
책	책을	영화	영화를
과일	과일을	바다	바다를

ㅏ, ㅗ → -아요		ㅏ, ㅗ 외 → -어요		-하다 → -해요	
가다	가요	먹다	먹어요	일하다	일해요
보다	봐요	웃다	웃어요	전화하다	전화해요
닦다	닦아요	튀기다	튀겨요	구경하다	구경해요

연습 1. 〈보기〉와 같이 대화를 완성하세요.

〈보기〉

가: 지금 **무엇을 해요**?

나: **잠을 자요**.

1)

가 : 지금 무엇을 해요?

나 : __________을/를 ______________.

2)

가 : 지금 무엇을 해요?

나 : __________을/를 ______________.

3)

가 : 지금 무엇을 해요?

나 : __________을/를 ______________.

4)

가 : 지금 무엇을 해요?

나 : __________을/를 ______________.

연습 2. 알맞은 단어를 골라 〈보기〉와 같이 대화를 완성하세요.

양치　과일　그림　드라마　친구　한국어　축구　자전거　머리

〈보기〉

드라마를 봐요.

1)  ____________.

2)  ____________.

3)  ____________.

4)  ____________.

5)  ____________.

6)  ____________.

7)  ____________.

8)  ____________.

발음연습 소리 나는 대로 써 보세요.

한국어[ ]	월요일[ ]	있어요[ ]
했어요[ ]	집에 와요[ ]	놀아요[ ]
여덟[ ]	맑아요[ ]	값이 싸요[ ]
앉았어요[ ]	입으세요[ ]	목이 아파요[ ]

문법 2 명사(어디) + 에서 : 어떤 일을 하는 장소를 말할 때 사용해요.

- 어머니는 부엌에서 요리해요.
- 아버지는 회사에서 일해요.
- 할아버지는 바다에서 낚시해요.
- 아기는 집에서 자요.
- 형은 학교에서 공부해요.
- 이모는 시장에서 과일을 사요.

연습 1. 〈보기〉와 같이 대화를 완성하세요.

〈보기〉

가 : 지금 뭐 해요? 나 : **집에서** 쉬어요.

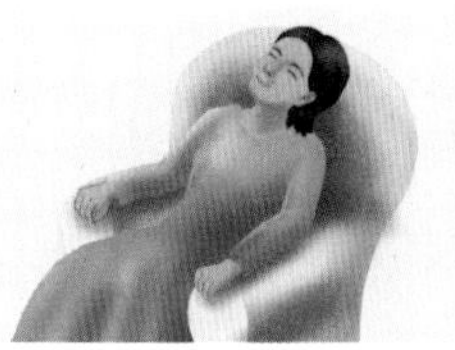

1) 가 : 어디에서 친구를 만나요? 나 : ______________________.(시내)

2) 가 : 어디에서 음악을 들어요? 나 : ______________________.(방)

3) 가 : 집에서 공부해요? 나 : 아니요, ______________________.(학교)

4) 가 : 시장에서 고기를 사요? 나 : 아니요, ______________________.(마트)

5) 가 : 어디에서 엄마를 기다려요? 나 : ______________________.(집 앞)

■ **꼭 알아두기** 문장 패턴을 익혀요.

1. 명사(어디)+에서 명사(무엇)+을/를 아/어/해요.

예) 병원에서 진료를 받아요. 식당에서 밥을 먹어요. 빵집에서 빵을 사요.

2. '명사+에서'와 '명사+에'는 달라요.

명사(어디)+에서 무엇을 하다: 그곳에서 하는 일	명사(어디)+에 가다/오다 : 목적지, 방향
학교에서 공부를 해요 집에서 청소를 해요. 마당에서 동생과 자전거를 타요.	은행에 가요. 시장에 가요. 집에 와요.

복 습

1. **'동/형+아요/어요/해요'**, **'명사+이에요/예요'** 문장을 바꾸세요.

예) 부모님께 용돈을 받습니다 ➜ 부모님께 용돈을 받아요.

1) 어디에 갑니까? ➜ ____________________?

2) 친구와 놉니다. ➜ ____________________.

3) 꿈이 있습니까? ➜ ____________________?

4) 영화가 지루합니다. ➜ ____________________.

5) 공부가 정말 즐겁습니다. ➜ ____________________.

6) 생일 축하합니다. ➜ ____________________.

7) 부모님과 함께 삽니다. ➜ ____________________.

8) 생일이 언제입니까? ➜ ____________________?

9) 선물은 무엇입니까? ➜ ____________________?

10) 제 사촌입니다. ➜ ____________________.

2. 다음 단어에 문법을 사용하여 어디에서 무엇을 하고, 어디에 가는지 쓰고 말해 보세요.

예) 식당/ 음식/ 주문하다 ➜ 식당에서 음식을 주문해요.

1) 도서관/ 책/ 빌리다 ➜ ____________________.

2) 시내/ 쇼핑하다 ➜ ____________________.

3) 서점/ 한국어 책/ 사다 ➜ ____________________.

4) 은행/ 돈/ 찾다 ➜ ____________________.

5) 카페/ 커피/ 마시다 ➜ ____________________.

6) PC방/ 컴퓨터게임/ 하다 ➜ ____________________.

7) 친구/ 한국/ 가다 ➜ ____________________.

8) 동생/ 유치원/ 가다 ➜ ____________________.

■ **꼭 외우기** 지금 뭐해요? 학교에서 한국어를 배워요.

활동1 듣고 말하기

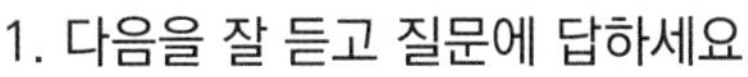

1. 다음을 잘 듣고 질문에 답하세요.

1) 폰나린은 학교에서 무엇을 해요?

____.

2) 폰나린은 어디에서 책을 빌려요?

____.

3) 폰나린은 주말에 친구하고 뭐 해요?

____.

1. 다음 장소에서 무엇을 하는지 〈보기〉와 같이 친구하고 이야기해 보세요.

〈보기〉 우체국 → 우체국에서 편지를 보내요.

→ 약국 → 은행 → 공원 → 카페 → 식당 → 운동장 → 화장실
→ 도서관 → 시장 → 공항 → 학교 → 슈퍼마켓 → 문구점 → 회사
→ 버스 정류장 → 바다 → 영화관 → 백화점 → 노래방 → 병원 → 미용실
→ 정육점 → 화장품 가게 → 강 → 산 → 동물원……

활동2 읽고 쓰기

1. 다음 글을 잘 읽고 질문에 답하세요.

마리는 필리핀에서 왔어요.
마리는 주부에요.
매일 부엌에서 요리를 해요.
김성호 씨는 마리의 남편이에요.
김성호 씨는 회사에서 열심히 일을 해요.
안나는 초등학생이에요.
안나는 학교에서 공부를 하고 친구들과 놀아요.

1) 마리는 매일 무엇을 해요?

____.

2) 마리의 남편은 어디에서 뭐해요?

____.

3) 안나는 학교에서 무엇을 해요?

____.

4) 여러분은 매일 무엇을 해요? 세 가지 이상 써 보세요.

____.

2. 다음을 읽고 빈칸에 알맞게 쓰세요.

저는 라울이에요. 인도에서 왔어요. 학생이에요. 저는 지금 카페에 __________.

(있다) 카페에서 친구를 __________.(만나다) 그리고 친구와 커피를 __________.

(마시다) 이야기도 __________.(하다)

여러 가지 직업

선생님

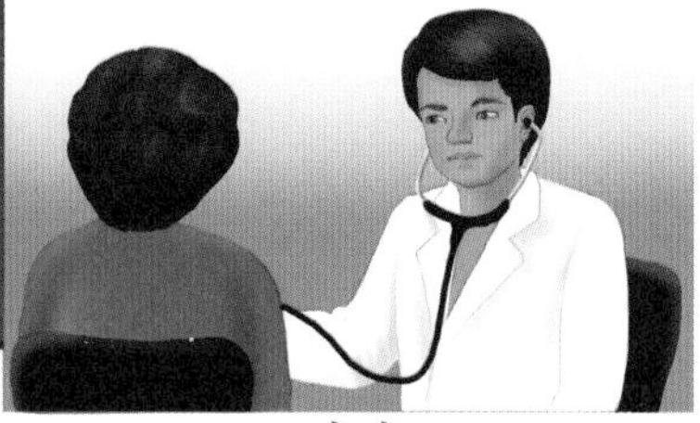

의사

화가

소방관

경찰관

공무원

농부

어부

운동선수

회사원

점원

가수

운전사

기술자(엔지니어)

작가

미용사(헤어 디자이너)

요리사

전업 주부

5과

오늘은 몇 월 며칠이에요?

주제 날짜와 요일
어휘 숫자, 날짜 (년, 월, 일), 요일
문법 명사+이/가 아니에요
명사(시간)+에
동/형용사+겠

복습 문법 패턴 연습
문장 만들기
활동 날짜와 요일 말하기
계획말하기
문화 한국의 공휴일

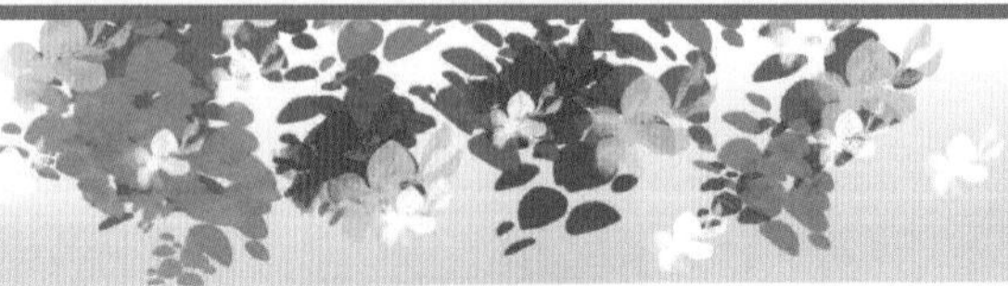

5 월

일	월	화	수	목	금	토
1	2	3	4	5 어린이날	6	7
8 어버이날	9	10	11	12	13	14
15 스승의날	16	17	18	19	(20)	21
22 내 생일	23	24	25	26	27	28
29	30	31				

1. 오늘은 몇 월 며칠이에요?

2. 내일은 무슨 요일이에요?

3. 모레는 무슨 날이에요?

발음

몇 월[며뒬]　　금요일[그묘일]　　모레[모레]
오월 삼일[오월사밀]　　어린이날[어리니날]

어휘

숫자 1

1	2	3	4	5	6	7	8	9	10
하나	둘	셋	넷	다섯	여섯	일곱	여덟	아홉	열
20	30	40	50	60	70	80	90	100	1,000
스물	서른	마흔	쉰	예순	일흔	여든	아흔	백	천
10,000									
만									

숫자 2

1	2	3	4	5	6	7	8	9	10
일	이	삼	사	오	육	칠	팔	구	십
11	12	13	20	21	22	23	30	40	50
십일	십이	십삼	이십	이십일	이십이	이십삼	삼십	사십	오십
60	70	80	90	100	200	300	1,000	2,000	3,000
육십	칠십	팔십	구십	백	이백	삼백	천	이천	삼천
10,000	20,000	30,000	100,000		1,000,000		10,000,000		
만	이만	삼만	십만		백만		천만		

날짜 (년, 월, 일)

1995년	2006년	2017년	2030년
천구백구십오 년	이천육 년	이천십칠 년	이천삼십 년

1	2	3	4	5	6
일월	이월	삼월	사월	오월	유월*
7	8	9	10	11	12
칠월	팔월	구월	시월*	십일월	십이월

1	2	3	10	13	15
일일	이일	삼일	십일	십삼일	십오일
17	20	24	26	28	30
십칠일	이십일	이십사일	이십육일	이십팔일	삼십일

요일

월요일	화요일	수요일	목요일	금요일	토요일	일요일

달력 (2023년 1월)

일	월	화	수	목	금	토	
			1	2	3	4	
일	월	화	수	목	금	토	지난주
5	6	7	8	9	10	11	
일	월	화	수	목	금	토	이번 주
12	13	14	15(어제)	16(오늘)	17(내일)	18	
일	월	화	수	목	금	토	다음 주
19	20	21	22	23	24	25	
일	월	화	수	목	금	토	
26	27	28	29	30	31		

4월 (지난달)	5월 (이번 달)	6월 (다음 달)
2022년 (작년/지난해)	2023년 (금년/올해)	2024년 (내년/다음 해)

■ 꼭 알아두기

1. 날짜, 요일과 관련된 대화

오늘은 몇 월 며칠이에요?	12월 16일이에요.
며칠이에요?	25일이에요.
무슨 요일이에요?	목요일이에요.

2. 시간(때)과 관련된 어휘

아침, 점심, 저녁	낮, 밤	오전, 오후
어제, 오늘, 내일, 모레	전, 후	매일, 매주, 매월, 매년
평일(주초, 주중), 주말	월초, 월중, 월말	연초, 연중, 연말

문법 1

명사 + 이/가 아니에요 : 명사를 부정할 때 사용해요.

명사 받침 ○ → 이 아니에요		명사 받침 × → 가 아니에요	
연필	연필이 아니에요	우유	우유가 아니에요
학생	학생이 아니에요	운동화	운동화가 아니에요
가족	가족이 아니에요	어린이	어린이가 아니에요

연습 1. 〈보기〉와 같이 알맞은 것을 고르고 대화를 완성하세요.

〈보기〉

가: 휴대전화예요?

나: 아니요, 휴대전화(이/(가)) **아니에요.**

컴퓨터예요.

1)

가: 사과예요?

나: 아니요, 사과(이/가) ___________. 수박이에요.

2)

가: 꽃이에요?

나: 아니요, 꽃(이/가) ___________. 나무예요.

3)

가: 할아버지예요?

나: 아니요, 할아버지(이/가) ___________. 할머니예요.

4)

가: 치마예요?

나: 아니요, 치마(이/가) ___________. 바지예요.

■ **꼭 알아두기** 시간을 나타내는 단어들

방금	곧	지금	아직	미처	일찍	문득	갑자기
벌써	이미	아까	먼저	이따가	줄곧	잠깐	장차
어느새	마침내	드디어	언제나	항상	어서	빨리	얼른

문법 2

명사(시간) + 에 : 시간을 말할 때 사용해요.

- 월요일에 학교에 가요.
- 오후에 축구를 해요.
- 주말에 친구를 만나요.

가: 언제 한국어 수업이 있어요? 나: 일요일에 한국어 수업이 있어요.
가: 언제 수업이 끝나요? 나: 오후 2시에 수업이 끝나요.

연습 1. 〈보기〉와 같이 대화를 완성하세요.

〈보기〉 가: **언제** 잠을 자요? (밤 10시) 나: **밤 10시에** 잠을 자요.

1) 가: 언제 생일이에요? (12월 23일)
   나: ______________________.

2) 가: 시험이 언제예요? (다음 주 화요일)
   나: ______________________.

3) 가: 언제 저녁을 먹어요? (저녁 6시)
   나: ______________________.

4) 가: 몇 시에 일을 시작해요? (아침 8시)
   나: ______________________.

5) 가: 언제 여행을 가요? (방학)
   나: ______________________.

■ **꼭 알아두기** 시간명사와 시간부사. 이런 점이 달라요!

시간명사 + 에 → ○	시간부사 + 에 → ×
월요일에, 6시에, 내년에, 오전에, 나중에 (○)	오늘, 내일 (○), 오늘에, 내일에, 지금에 (×)

문법 3

동사/형용사 + 겠 : 추측, 계획, 의도나 의지를 말할 때 사용해요.

- 내일은 비가 오겠습니다.
- 주말에 고향에 다녀오겠습니다.
- 한국어를 열심히 공부하겠습니다.
- 내일은 청바지를 입겠습니다.
- 오후에 바람이 불겠습니다.
- 내년에 한국에 가겠습니다.
- 쿠키가 아주 맛있겠습니다.
- 배가 고프겠습니다.

연습 1. 〈보기〉와 같이 쓰세요. 그리고 추측, 계획, 의지 등 어떤 의미인지도 말해 보세요.

〈보기〉

가: 어느 색깔이 좋을까요?

나: 저는 빨간색이 **좋겠어요.**(좋다)

1) 가: 이 영화가 어때요? 나: ____________. (재미있다)

2) 가: 요즘 너무 바빠요. 나: 일이 많아서 ____________. (힘들다)

3) 가: 많이 드세요. 나: 네, ____________. (맛있다)

4) 가: 오늘이 제 생일이에요. 나: 아주 ____________. (기쁘다)

5) 가: 주말에 무엇을 하겠어요? 나: 주말에 대청소를 ____________. (하다)

6) 가: 누가 발표할까요? 나: 제가 ____________. (하다)

7) 가: 지금 안 계십니다. 나: 나중에 다시 ____________. (전화하다)

8) 가: 언제 물건이 도착해요? 나: 내일 ____________. (도착하다)

tip

'동사/형용사 + 겠'은 다음과 같은 관용적인 표현도 있어요.

- 처음 뵙겠습니다.
- 학교 다녀오겠습니다.
- 잘 먹겠습니다.
- 알겠습니다.
- 모르겠습니다.

복 습

1. **'명사+이/가 아니에요'** 명사를 부정하는 대화를 완성하세요.

예) 가: 오늘이 월요일이에요?   나: 아니요, 월요일이 아니에요. 화요일이에요.(화요일).

1) 가: 이것이 우산입니까?   나: 아니요, ______________________________.(양산)

2) 가: 이것이 전화기입니까?   나: 아니요, ______________________________.(스피커)

3) 가; 이것이 양말입니까?   나: 아니요, ______________________________.(후배)

4) 가: 친구예요?   나: 아니요, ______________________________.(후배)

2. **'동사+겠'(추측, 계획, 의지)** 다음 대화를 완성하세요.

하　안: 폰나린, 내일 시간 어때요? 같이 커피 마실까요?

폰나린: 네, 좋아요. 하지만 오전에는 수업이 있어요. 수업은 2시에 끝나요.

하　안: 괜찮아요. 학교 앞 카페에서 ______________________. 천천히 오세요.

■ **꼭 알아두기** '이/가'(주격조사)와 '은/는'(보조사)의 차이

1. 문장에 처음 소개되는 경우 '이/가'를 사용하고 그 다음부터는 '은/는'을 사용해요. 예) 여기 바나나가 있습니다. 바나나는 노랗습니다.
2. '이/가'는 일반적 내용에 사용하고 '은/는'은 대조의 내용에 사용해요. 예) 아기가 자요. (그리고 엄마가 쉬어요) / 아기는 자요. (그러나 엄마는 쉬지 않아요)
3. '이/가'는 앞의 명사가 중요하고, '은/는'은 뒤에 오는 내용이 중요해요. 예) 누가 자요? 아기 / 아기는 뭐 해요? 자요.
4. 주의하세요! '이/가'는 '은/는, 을/를, 도' 등과 함께 쓰지 않아요. 예) 집이가 멀어요.(×) 옷이는 너무 커요.(×) 밥이를 먹어요.(×) 한국말이가 어려워요.(×)

■ **꼭 외우기** 오늘은 몇 월 며칠이에요? 무슨 요일이에요? 알겠습니다. 잘 먹겠습니다.

활동1 듣고 말하기

1. 잘 듣고 아래에 주어진 단어를 사용하여 질문에 답하세요.

화요일 공원 식당 목요일 저녁 일

쇼핑 학교 회사 운동 시장 대청소

토요일 식사 집 월요일 과일

한국어 점심 신발 아침 일요일 친구

1) 언제 회사에서 일해요?

____.

2) 목요일에 시장에서 무엇을 사겠어요?

____.

3) 토요일에 한국어교실에서 무엇을 하겠어요?

____.

4) 언제 집에서 대청소를 하겠어요?

____.

5) 언제 친구와 식당에서 저녁 식사를 하겠어요?

____.

2. 친구하고 이야기해 보세요.

생일이 언제예요?

오늘은 몇 월 며칠이에요?

우리 언제 만날까요?

내일은 무슨 요일이에요?

활동2 읽고 쓰기

1. 다음 글을 잘 읽고 질문에 답하세요.

> 오늘 서울의 날씨는 아주 좋아요.
> 하지만 내일은 흐리고 비가 오겠어요.
> 모레 서울의 날씨는 다시 맑겠어요.

1) 내일 서울의 날씨가 어때요?

____.

2) 모레 서울의 날씨는 어때요?

① 맑아요　　② 흐려요　　③ 비가 와요

3) 여러분 나라(고향)의 날씨는 어때요? 위의 글과 같이 써 보세요.

오늘 (　　　　　)의 날씨는 ______________________________.

하지만 내일은 ______________________________.

모레 (　　　　　)의 날씨는 ______________________________.

날씨와 관련된 표현

맑다(맑아요)	흐리다(흐려요)
비가 오다/내리다(비가 와요/내려요)	눈이 오다/내리다(눈이 와요/내려요),
덥다(더워요)	춥다(추워요)
따뜻하다(따뜻해요)	시원하다(시원해요)
바람이 불다(바람이 불어요)	천둥, 번개가 치다(천둥, 번개가 쳐요)
구름이 많다(구름이 많아요)	안개가 끼다(안개가 껴요)
홍수가 나다(홍수가 나요)	가물다(가물어요)

한국의 공휴일

1. 한국의 국경일

삼일절(3월 1일) 현충일(6월 6일) 광복절(8월 15일)

개천절(10월 3일) 한글날(10월 9일)

2. 한국의 기념일

어린이날(5월 5일) 어버이날(5월 8일) 스승의날(5월 15일)

3. 한국의 명절

설날(음력 1월 1일) 추석(음력 8월 15일)

6과

이건 얼마예요?

주제 쇼핑
어휘 단위 명사
가격, 색깔
문법 명사+에
동사+(으)세요
명사+도

복습 문법 패턴 연습
문장 만들기
활동 요청하기, 구매하기
가격 말하기
문화 한국의 쇼핑문화
한국의 화폐

아줌마: 어서 오세요.
마　리: 아줌마, 이 사과 얼마예요?
아줌마: 다섯 개에 오천 원이에요.
마　리: 수박은 얼마예요?
아줌마: 한 통에 만 원이에요.
마　리: 그럼 사과 다섯 개하고 수박 한 통 주세요.

발음

다섯 개[다섣깨]　　　오천 원이에요[오처눠니에요]
수박은[수바근]　　　만 원이에요[마눠니에요]

단위명사 - 식품

어휘

두리안 한 개
바나나 두 송이
포도 세 송이
수박 네 통
귤 다섯 개
사과 여섯 개
망고 일곱 개
딸기 여덟 개
파파야 아홉 개
오렌지 열 개
파 한 뿌리
오이 두 개
호박 세 개
무 네 개
배추 다섯 포기
마늘 여섯 쪽
감자 일곱 개
양파 여덟 개
당근 아홉 개
가지 열 개
물 한 컵(잔)
커피 한 잔
주스 두 잔
사이다 세 병
콜라 네 캔
밥(국) 한 그릇
라면 두 그릇
비빔밥 세 그릇
닭 한 마리
생선 두 마리
피자 한 판
케이크 한 조각
빵 세 개
두부 한 모
달걀 네 개

기타 단위를 나타내는 명사

수	낱개	개(물건), 명/분(사람), 권(책), 마리(동물), 그루(나무), 곳(장소), 송이(꽃)
		장(종이), 통(편지, 전화), 살(나이), 칸(방), 채(건물), 대(차, 전자제품)...
	묶음	벌(옷), 켤레(양말, 신발, 장갑), 쌍(사람이나 동물 암수), 다발(꽃), 묶음...
횟수		끼(식사), 번, 판(게임)...
비율		배, 곱...
길이		센티미터, 미터, 킬로미터...
넓이		평...
양		병(액체), 잔(물, 술, 커피, 주스, 우유), 리터, 밀리리터...
무게		근(고기), 그램, 킬로그램...
시간		초, 분, 시간, 날, 일, 개월, 달, 해, 년

색깔

빨간색	주황색	노란색	초록색	파란색	남색	보라색	흰색	검은색	회색	갈색

숫자 세기

1	일
10	십
100	백
1,000	천
10,000	만(일만)
100,000	십만
1,000,000	백만
10,000,000	천만
100,000,000	억(일억)
1,000,000,000	십억
10,000,000,000	백억
100,000,000,000	천억
1,000,000,000,000	조(일조)

21
(이십 일)
356
(삼백 오십 육)
2,022
(이천 이십 이)
47,813
(사만 칠천 팔백 십 삼)
125,000
(십 이만 오천)
9,876,543
(구백 팔십 칠만 육천 오백 사십 삼)

문법 1

명사 + 에 : 명사의 단위를 말할 때 사용해요.

가: 수박 **한 통에** 얼마예요?	나: 팔천 원이에요.
가: 커피 **한 잔에** 얼마예요?	나: 이천오백 원이에요.

연습 1. 〈보기〉와 같이 대화를 완성하세요.

1,500 원

〈보기〉

가: 아줌마, 이 장미꽃 얼마예요?

나: **한 송이에** 천오백 원이에요.

1)

2,000 원

가: ______________________ 얼마예요?

나: ______________________________.

2)

3,000 원

가: ______________________ 얼마예요?

나: ______________________________.

3)

24,000 원

가: ______________________ 얼마예요?

나: ______________________________.

4)

48,000 원

가: ______________________ 얼마예요?

나: ______________________________.

5)

965,000 원

가: ______________________ 얼마예요?

나: ______________________________.

문법 2

동사 + (으)세요 : 상대방에게 명령, 요청을 말할 때 사용해요.

동사 받침 ○ → 으세요		동사 받침 ×, ㄹ받침 → 세요	
앉다	앉으세요	가다	가세요
읽다	읽으세요	오다	오세요
씻다	씻으세요	하다	하세요
먹다	드세요*	주다	주세요
볶다	볶으세요	열다	여세요*

- 여기 앉으세요.
- 책을 읽으세요.
- 열심히 공부하세요.
- 이리 오세요.
- 깨끗이 씻으세요.
- 맛있게 드세요.
- 빨리 주세요.
- 안녕히 가세요.
- 창문을 여세요.

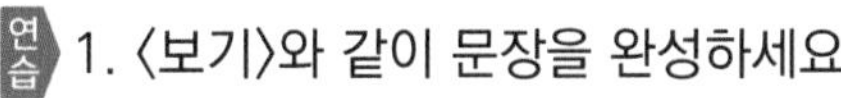

연습 1. 〈보기〉와 같이 문장을 완성하세요.

〈보기〉

문을 **닫으세요.**(닫다)

1) 

나중에 ________________.(전화하다)

2) 

케이크를 ________________.(자르다)

3) 

조용히 ________________.(하다)

4) 

콜라 한 병 ________________.(주다)

문법 3

명사 + 도 : 둘 이상의 명사를 나열할 때 사용해요.

- 이 음식은 맛도 좋고 보기도 좋아요.
- 사과 열 개 주세요. 오렌지도 다섯 개 주세요.
- 주말에 친구와 밥을 먹어요. 그리고 영화도 봐요.
- 감기에 걸렸어요. 그래서 열이 나고 목도 아파요.

연습 1. 〈보기〉와 같이 대화를 완성하세요.

〈보기〉 시장에서 생선을 사요. 그리고 야채를 사요.
→ 시장에서 생선을 사요. 그리고 **야채도** 사요.

1) 학교에서 친구를 만나요. 그리고 공부를 해요.

→ ________________________________.

2) 교실에 남학생이 있어요. 그리고 여학생이 있어요.

→ ________________________________.

3) 집에서 숙제를 해요. 그리고 엄마 심부름을 해요.

→ ________________________________.

4) 집에서 요리를 해요. 그리고 청소를 해요.

→ ________________________________.

5) 방학에 바다에 가요. 그리고 수영을 해요.

→ ________________________________.

tip

발음

앞글자의 받침 자음 'ㄱ, ㄷ, ㅂ, ㅅ, ㅈ'나 'ㄹ'이 뒤 자음 'ㄱ, ㄷ, ㅂ, ㅅ, ㅈ'과 만나면 뒤 자음이 'ㄲ, ㄸ, ㅃ, ㅆ, ㅉ'로 발음돼요. 아래 단어를 읽어 보세요.

예) 식구[식꾸], 약국[약꾹], 학교[학꾜], 박수[박쑤], 활동[활똥], 앞집[압찝]

복 습

1. **'동사+(으)세요'** 아래의 표를 완성하세요.

기본형	동사+(으)세요	기본형	동사+(으)세요
뛰다	뛰세요	끓다	
켜다		찢다	
감다		담다	
놓다		보내다	
두다		말하다	
버리다		만나다	
팔다 *		바꾸다	
살다 *		부탁하다	
만들다 *		사랑하다	

2. 둘 이상의 명사를 나열하는 **'명사+도'** 문법은 주로 **'명사+도 명사+도'** 구성으로 사용해요.
다음 빈칸을 채우세요.

1) 도서관에는 남자(　　) 있고 여자(　　) 있어요.

2) 도로에는 차(　　) 많고 오토바이(　　) 많아요.

3) 한국어 공부는 듣기(　　) 있고 읽기(　　) 있고 말하기(　　) 있고 쓰기(　　) 있습니다.

4) 냉장고 안에 고기(　　) 있고 과일(　　) 있어요.

5) 저는 운동을 좋아해요. 축구(　　) 좋아하고 농구(　　) 좋아해요.

6) 저는 집안일을 잘 해요. 청소(　　) 잘 하고 요리(　　) 잘 해요.

7) 제 언니는 춤(　　) 잘 추고 노래(　　) 잘 불러요.

8) 우리는 한국 드라마(　　) 좋아하고 한국 음식(　　) 좋아해요.

■ **꼭 외우기**　아저씨, 이건 얼마예요?　그건 만 원이에요.　열심히 공부하세요.

활동1 듣고 말하기

1. 다음을 잘 듣고 알맞은 그림에 동그라미 하세요.

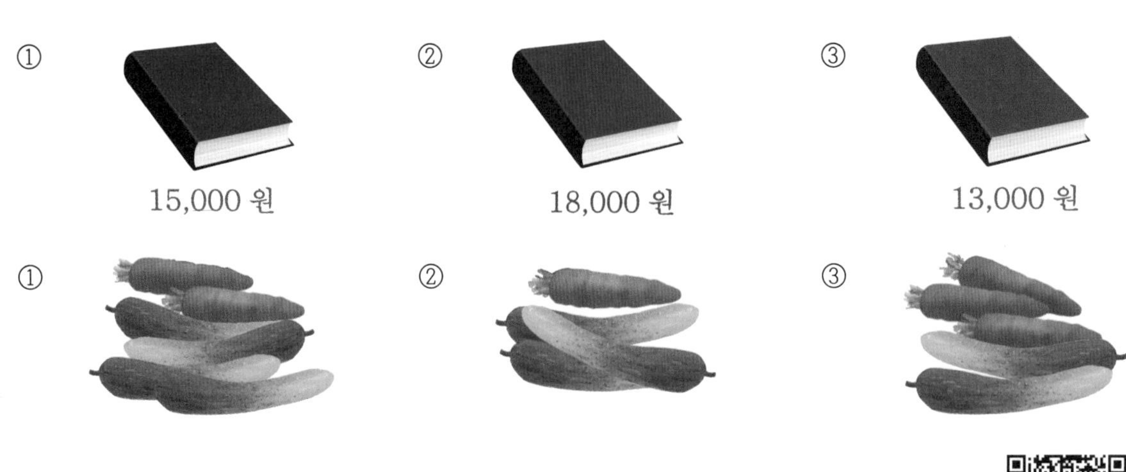

2. 다음을 잘 듣고 가격을 써 보세요.

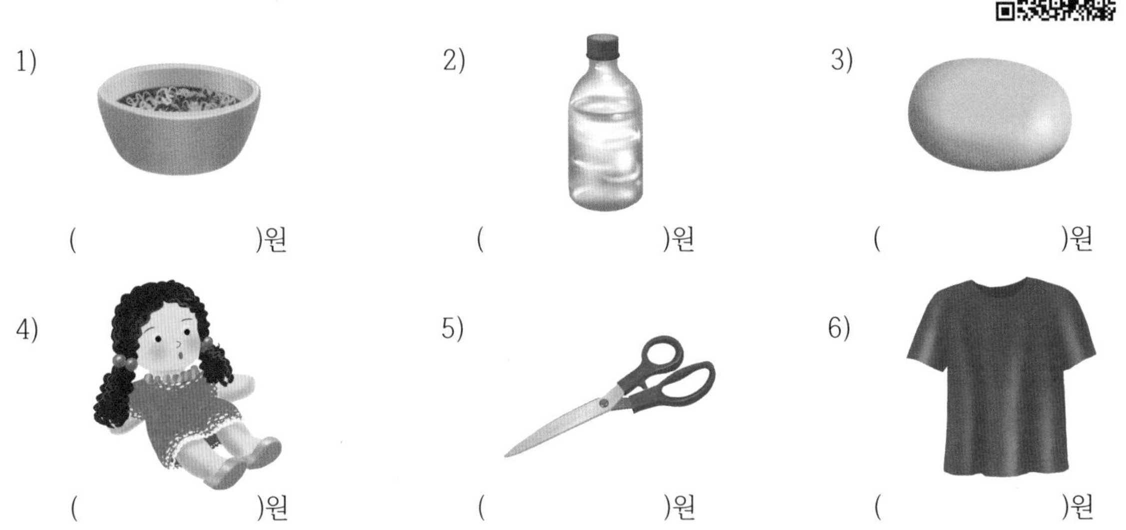

3. 다음 단어를 사용하여 글을 완성하세요.

양말 모자 켤레 장 커피 아이스크림

저는 친구와 함께 시내에 가요.
시내에서 티셔츠 ____________을 사요. 그리고 ____________도 두 켤레 사요.
친구는 바지를 사요. 그리고 ____________도 사요.
우리는 인도식당에서 밥을 먹고 카페에서 ____________도 먹어요.
참 즐거워요.

활동2 읽고 쓰기

1. 다음 영수증을 보고 답해 보세요.

서울 마트 Tel.123-4567 2025년 1월 4일(화) 13:24

쌀 10kg	1	34,000
토마토 주스	1	3,300
간장 1.8L	1	4,950
설탕	1	3,690
치킨	1	18,000
과자	5	6,000
합계		69,940

1) 토마토 주스는 한 병에 얼마예요?

2) 치킨은 한 마리에 얼마예요?

3) 이 사람은 과자를 몇 봉지 사요?

4) 모두 얼마예요?

2. 여러분은 언제 어디에서 쇼핑을 해요? 그리고 무엇을 사요? 아래에 써 보세요.

저는 오늘 마트에 가서 ______________________________

____

____

____

______________________________.

한국의 쇼핑문화

한국 사람들은 TV홈쇼핑이나 인터넷쇼핑을 많이 해요. 쇼핑한 물건은 바로 집으로 배달돼요. 이것을 '택배'라고 해요. 빠르고 편리한 한국의 배달문화는 '로켓 배송'이나 '총알 배송', '새벽 배송'이나 '당일 배송'이라는 표현에서 잘 알 수 있어요.

총알배송	로켓배송	당일배송	새벽배송
총알처럼 빠른 배송	로켓처럼 빠른 배송	주문한 그 날에 배송	새벽에도 배송

시장

동대문시장

명동

인사동

백화점

마트

TV 홈쇼핑

인터넷쇼핑

한국의 화폐(돈) 단위 - 원(₩)

<table>
<tr><td></td><td>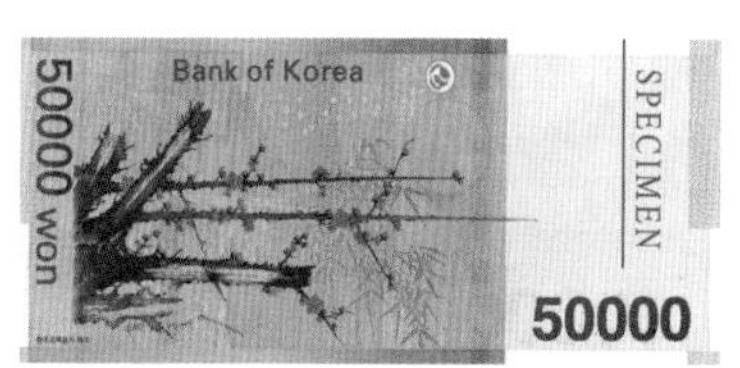</td></tr>
<tr><td colspan="2">오만 원(50,000원) : 신사임당(앞), 월매도, 풍죽도(뒤), 조선시대 화가, 작가, 시인</td></tr>
<tr><td></td><td>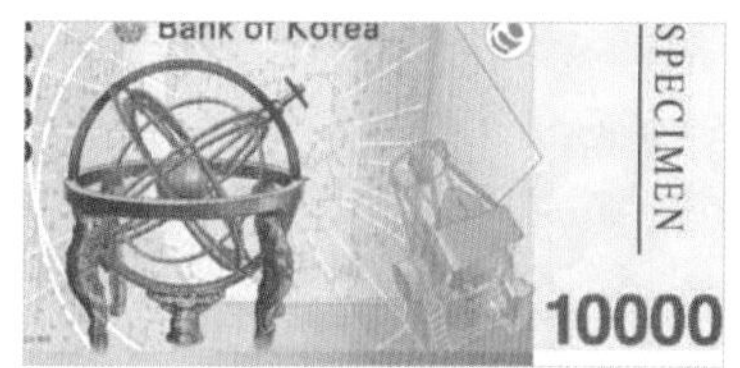</td></tr>
<tr><td colspan="2">만 원(10,000원) : 세종대왕(앞), 혼천의, 천체망원경(뒤), 조선의 제4대 왕, 한글 창제</td></tr>
<tr><td></td><td></td></tr>
<tr><td colspan="2">오천 원(5,000원) : 율곡 이이(앞), 신사임당의 초충도(뒤), 조선시대 학자, 신사임당의 아들</td></tr>
<tr><td></td><td></td></tr>
<tr><td colspan="2">천 원(1,000원) : 퇴계 이황(앞), 도산서원(뒤), 조선시대 학자</td></tr>
<tr><td></td><td>오백 원(500원) : 학(고귀함, 신선함, 장수)
백 원(100원) : 이순신(조선시대 장군)
오십 원(50원) : 벼 이삭(풍년)
십 원(10원) : 다보탑(문화의 우수성)</td></tr>
</table>

7과

이분은 누구세요?

주제 높임말
어휘 높임말, 가족 명칭
문법 명사+께서
동/형+(으)세요
동사+고 있다(계시다)
명사+과/와, 명사+하고

복습 문법 패턴 연습
문장 만들기
활동 소개하기
높임말 사용하기
문화 한국의 가족과 촌수

1. 안나는 무엇을 하고 있어요?

2. 안나는 누구와 전화하고 있어요?

3. 마리는 부엌에서 무엇을 하고 있어요?

발음

무엇을[무어쓸] 전화하고[저놔하고]
있어요[이써요] 부엌에서[부어게서]

높임말

어휘

높임말(존댓말)은 사람이나 사물을 높이는 말입니다. 높임말은 주로 웃어른께 공경하는 마음으로 하는 말입니다. 할아버지, 할머니, 부모님, 선생님 등 웃어른께는 높임말을 사용합니다. 그럼 높임말은 어떻게 사용해야 하는지 알아볼까요?

1. 높임의 뜻이 있는 특별한 단어를 사용합니다.

예) 선생님께 물어 보세요.　　선생님께 여쭈어 보세요.

나	저	먹다, 마시다	드시다, 잡수시다
밥	진지	주다	드리다, 올리다
집	댁	묻다	여쭈다, 여쭙다
응	네	보다	뵈다, 뵙다
아니	아니요	데리다	모시다
사람	분	자다	주무시다
이름	성함	죽다	돌아가시다
말	말씀	있다	계시다
나이	연세	아프다	편찮으시다
생일	생신	에게	께
선생	선생님	사장	사장님

2. 문장을 '-습니다/입니다', '-아/어/해요'로 끝냅니다.

예) 한국어 공부가 재미있어.　한국어 공부가 재미있습니다.　한국어 공부가 재미있어요.

3. 높이는 사람에게 '-께/-께서'를 사용합니다.

예) 할아버지가 공원에 가십니다.　　　　할아버지께서 공원에 가십니다.

4. 행동을 나타내는 말에 '-(으)시-'를 사용합니다.

예) 할머니께서 빨리 오면 좋겠습니다.
　할머니께서 빨리 오시면 좋겠습니다.

■ **꼭 알아두기**　높임법

	격식(공공장소나 직장)	비격식(일상생활이나 개인적 상황)
높임	합니다,합니까,하십시오,하십시다 예) 회사에서 일합니다.	해요 예) 회사에서 일해요.
안 높임	한다,하느냐,해라,하자,하는구나 예) 회사에서 일 해라.	해 예) 회사에서 일 해.

가족 명칭

어 휘

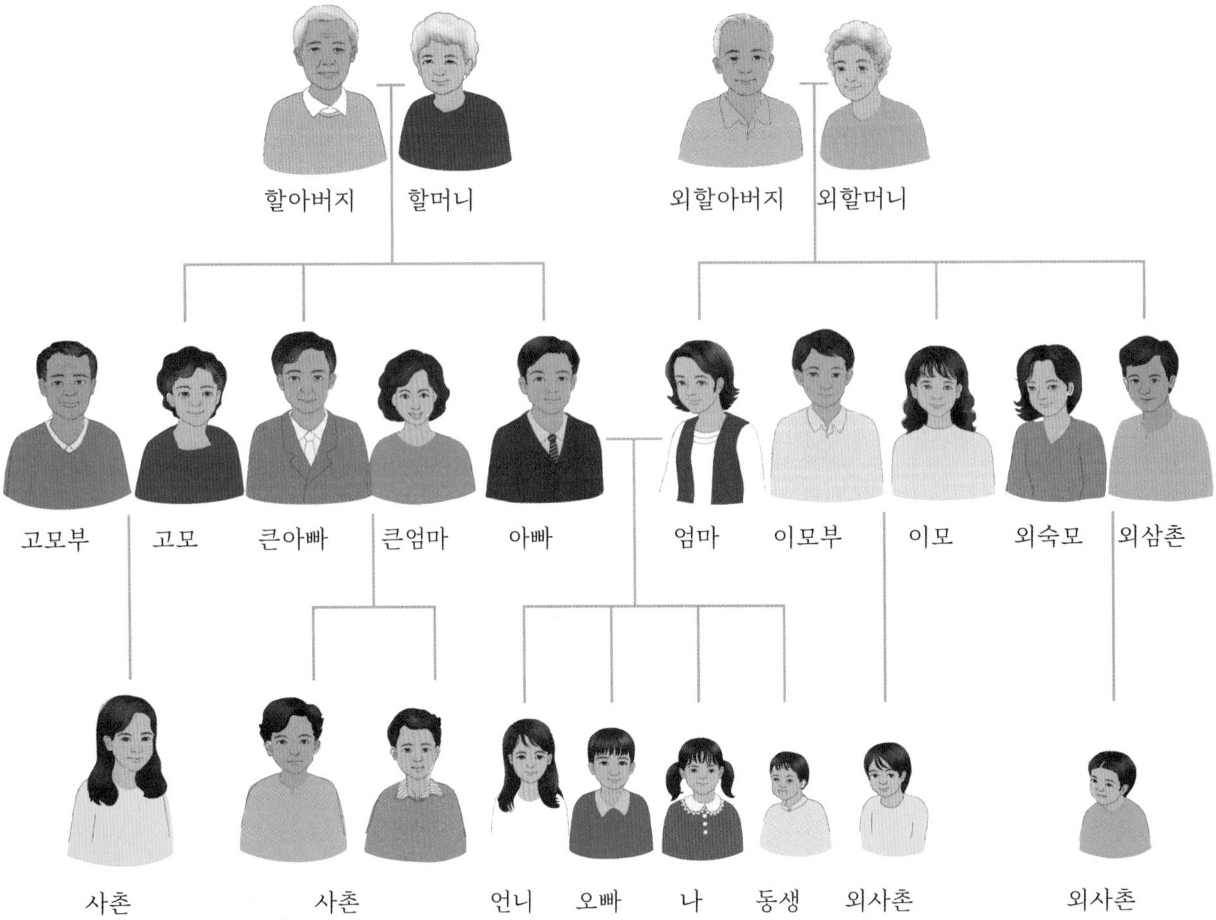

할아버지 할머니 외할아버지 외할머니

고모부 고모 큰아빠 큰엄마 아빠 엄마 이모부 이모 외숙모 외삼촌

사촌 사촌 언니 오빠 나 동생 외사촌 외사촌

다양한 호칭

부부 간의 호칭	여보, 당신, 누구(아이 이름) 엄마, 누구 아빠 등
연인 간의 호칭	자기야, 누구씨 등 그 밖의 애칭
선후배 간의 호칭	선배님, 누구(후배 이름)야 등
그 외 일반적 호칭	아저씨, 아줌마, 아가씨, 누구씨 등이 있어요. 식당, 옷가게 등에서 직원을 부를 때 '저기요, 여기요, 이모, 언니' 등의 호칭을 사용하기도 해요. 한국에서는 연장자에 대한 존대가 매우 중요하므로 호칭에서부터 예의를 지켜야 해요.

문법 1 명사 + 께서 동사/형용사 + (으)세요 : 문장의 주어를 높일 때 사용해요.

동/형 받침 ○ → 으세요, 으시			동/형 받침 × → 세요, 시		
웃다	웃으세요	웃으십니다	하다	하세요	하십니다
좋다	좋으세요	좋으십니다	오다	오세요	오십니다
괜찮다	괜찮으세요	괜찮으십니다	보다	보세요	보십니다
먹다*	드세요	드십니다	바쁘다	바쁘세요	바쁘십니다
있다*	계세요	계십니다	살다*	사세요	사십니다
명사 받침 ○ → 이세요, 이시			명사 받침 × → 세요, 시		
선생님	선생님이세요	선생님이십니다	할아버지	할아버지세요	할아버지십니다
부모님	부모님이세요	부모님이십니다	할머니	할머니세요	할머니십니다

- 부모님께서 아이들을 사랑하세요.
- 선생님께서 교실에서 한국어를 가르치십니다.
- 어머니께서 부엌에서 요리를 하십니다.
- 저분은 누구세요? - 저분은 제 아버지세요.

연습 1. 〈보기〉와 같이 쓰세요.

〈보기〉

가: 이분은 누구세요?
나: 이분은 제 할머니세요.
가: 할머니는 무엇을 하세요?
나: 할머니께서 방에서 아기를 돌보세요.

1) 가: 이분은 누구세요?
나: 이분은 ________________. (아버지)
가: 아버지께서 무엇을 하세요?
나: ______________________________. (회사에서 일하다)

2) 가: 이분은 누구세요?
나: 이분은 ________________. (어머니)
가: 어머니께서 무엇을 하세요?
나: ______________________________. (집에서 청소하다)

3) 가: 저분은 누구세요?
나: 저분은 ________________. (할아버지)
가: 할아버지께서 무엇을 하세요?
나: ______________________________. (TV를 보다)

문법 2 동사 + 고 있다(계시다) : **동사가** 진행 중이거나 계속되고 있을 때 **사용해요.**

- 가: 지금 뭐하고 있어요?　　나: 회사에서 열심히 일하고 있어요.
- 할아버지께서 집에서 쉬고 계세요.
- 아이들이 운동장에서 놀고 있어요.
- 가족들이 함께 모여 식사를 하고 있어요.

연습 1. 〈보기〉와 같이 대화를 완성하세요.

〈보기〉 가: 지금 뭐 하고 있어요?
나: 저녁식사를 **준비하고 있어요.** (저녁식사를 준비하다)

1) 가: 지금 뭐 하고 있어요?
나: ______________________. (컴퓨터 게임을 하다)

2) 가: 지금 뭐 하고 있어요?
나: ______________________. (한국어 숙제를 하다)

3) 가: 지금 뭐 하세요?
나: ______________________. (음악을 듣다)

4) 가: 지금 뭐 해요?
나: ______________________. (아르바이트를 하다)

5) 가: 지금 뭐 해?
나: ______________________. (친구를 만나다)

6) 가: 지금 뭐하고 있었어요?
나: ______________________. (텔레비전을 보다)

7) 가: 할아버지께서 지금 뭐 하고 계세요?
나: ______________________. (방에서 주무시다)

■ **꼭 알아두기** '동사 + 고 있다'와 비슷한 문법으로 **'동사 + 는 중이다'**가 있어요.

예) 지금 한국어를 공부하고 있어요. = 지금 한국어를 공부하는 중이에요.

연습) 지금 ______________________ (식사하다). = 지금 ______________________ (식사하다).

문법 3 명사 + 과/와, 하고 :

명사를 나열하거나 어떤 행동을 함께 하는 대상임을 말할 때 사용해요.

명사 받침 ○ → 과		명사 받침 × → 와		명사 + 하고	
동생 한국	동생과 한국과	커피 차	커피와 차와	친구 양파	친구하고 양파하고

- 저는 남동생과 여동생이 있어요.
- 방에는 침대와 책상이 있어요.
- 아침에 커피하고 빵을 먹어요.
- 카페에서 친구하고 이야기해요.

연습 1. 알맞은 것을 골라 〈보기〉와 같이 대화를 완성하세요.

치킨 케이크 빵 우유 가위 풀 선생님 학생 토요일 일요일

〈보기〉 가: 아침에 무엇을 먹어요?

나: 아침에 **빵과**(=**빵하고**, **빵이랑**) 우유를 먹어요.

1) 가: 책상 위에 뭐가 있어요?

나: 책상 위에 ______________________________.

2) 가: 교실에 누가 있어요?

나: 교실에 ______________________________.

3) 가: 생일에 무엇을 먹어요?

나: 생일에 ______________________________.

4) 가: 한국어 수업이 언제 있어요?

나: ______________________________.

■ 꼭 알아두기 **'명사 + 하고 = 명사 + (이)랑'**은 주로 말할 때 사용해요.

예) 오후에 친구하고 약속이 있어요. = 오후에 친구랑 약속이 있어요.

연습) 시장에서 과일(　　) 야채를 사요. = 시장에서 과일(　　) 야채를 사요.

복 습

1. 높임 표현. **'명사+께서'** 뒤에는 반드시 '-(으)시'를 사용해요. 다음 문장에 ○, × 하세요.

1) 할아버지께서 과일을 먹으세요. (　　)　　할아버지께서 과일을 드세요. (　　)

2) 부모님께서 와요. (　　)　　부모님께서 오십니다. (　　)

3) 대통령께서 우리 학교에 방문하세요. (　　)　　대통령께서 우리 학교에 방문해요. (　　)

4) 할머니께서 낮잠을 자십니다. (　　)　　할머니께서 낮잠을 주무십니다. (　　)

5) 선생님께서 한국에 가요. (　　)　　선생님께서 한국에 가세요. (　　)

2. **'동사/형용사/명사 높임말 연습'** 아래 표를 완성하세요.

기본형	으세요/세요	으십니다/십니다	기본형	으세요/세요	으십니다/십니다
가다	가세요	가십니다	있다		
쓰다			앉다		
믿다			타다		
사다			내리다		
뽑다			멋있다		
들어가다			한가하다		
올라가다			좋아하다		
기본형	이세요/세요	이십니다/십니다	기본형	이세요/세요	이십니다/십니다
선배님			어머니		
사장님			의사		
손님			교수님		

3. **'명사+과/와, 하고'** 다음 빈칸에 알맞은 말을 쓰세요.

1) 여름 방학에 동생(　　) 함께 할머니 댁에 가요.

2) 방과 후에 친구(　　) 함께 운동을 해요.

3) 저는 망고(　　) 두리안을 좋아해요.

4) 술(　　) 담배는 건강에 나빠요.

5) 우리 집에는 강아지(　　) 고양이가 있어요.

■ **꼭 외우기**　이분은 누구세요?　어머니께서 요리를 잘 하세요.　지금 뭐 하고 있어요?

활동1 듣고 말하기

1. 다음을 잘 듣고 알맞은 그림에 동그라미 하세요.

2. 여러분의 교실이에요. 뭐가 있어요? '명사+와/과'를 이용하여 친구와 이야기해 보세요.

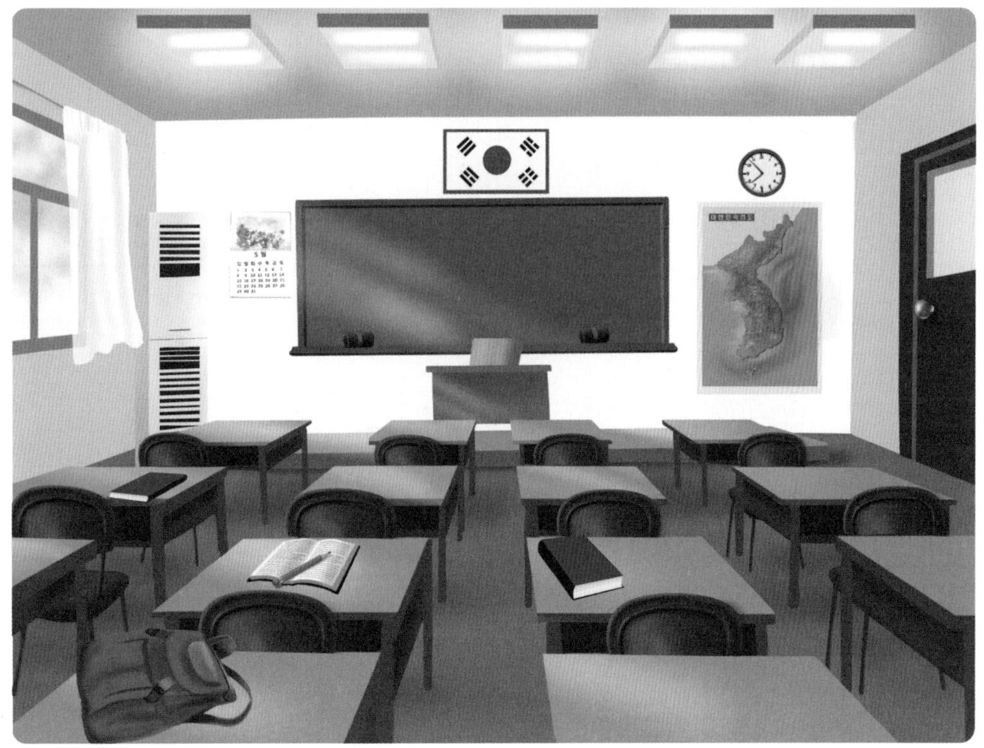

활동2 읽고 쓰기

1. 다음 글을 잘 읽고 답해 보세요.

우리 가족은 모두 다섯 명이에요. 할아버지와 할머니가 계시고, 아빠와 엄마, 그리고 제가 있어요. 아빠는 회사에 다니세요. 엄마는 주부세요. 저는 집 근처 초등학교에 다녀요. 할아버지와 할머니께서는 매일 아침 일찍 일어나세요. 할아버지께서는 마당을 쓰세요. 할머니께서는 꽃에 물을 주세요. 아빠는 회사에 출근하시고 엄마는 집안일을 하세요. 저는 학교에 다녀와서 엄마를 도와 드려요.

1) 우리 가족은 모두 다섯 명이에요. 누가 있어요?

______________________________.

2) 할아버지와 할머니께서 무엇을 하세요?

______________________________.

3) 엄마는 무엇을 하세요?

______________________________.

2. 여러분의 가족은 누가 있어요? 무슨 일을 해요?

____

____

____

____

____

______________________________.

한국의 가족과 촌수

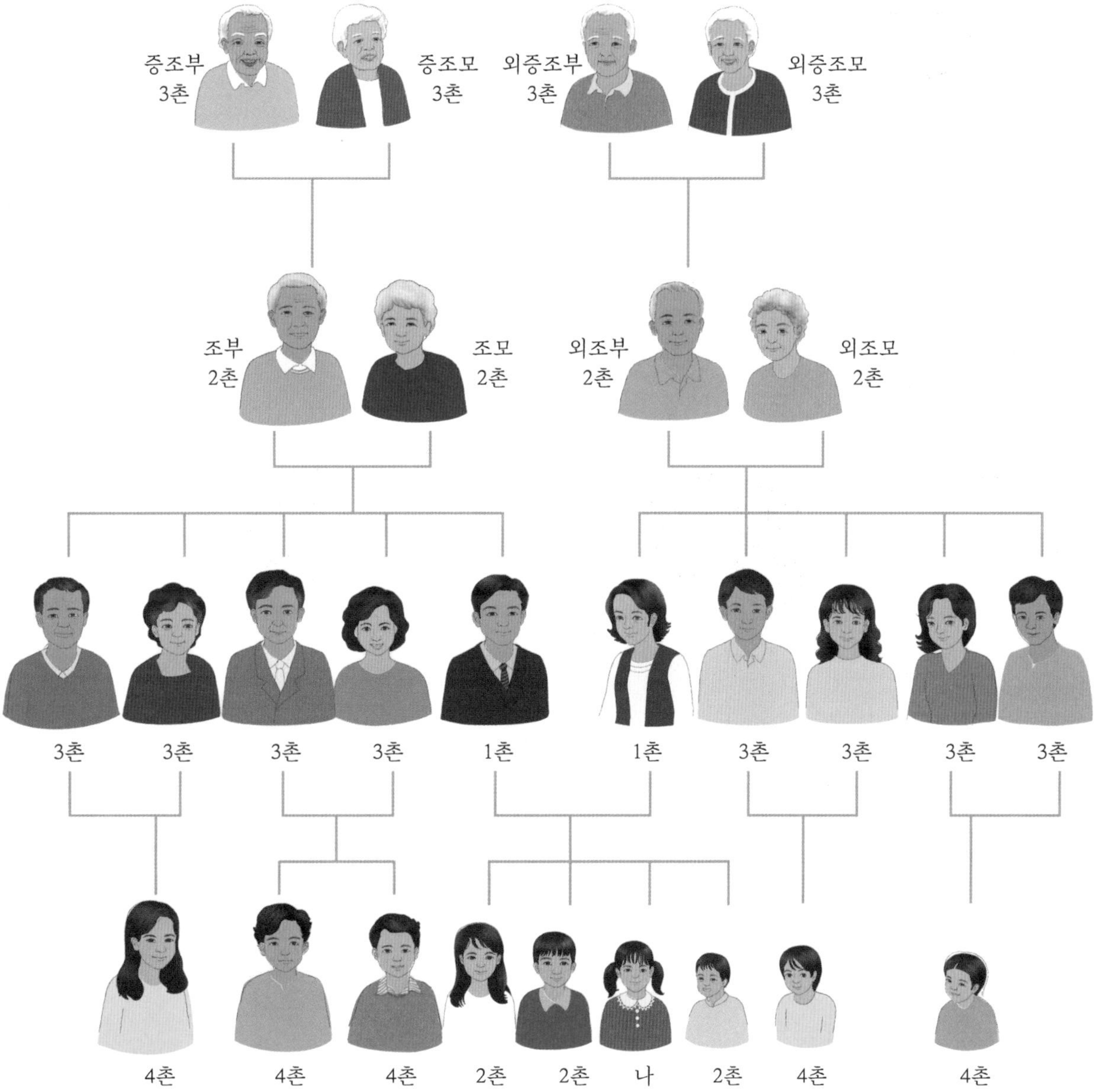

증조부 3촌 증조모 3촌 외증조부 3촌 외증조모 3촌

조부 2촌 조모 2촌 외조부 2촌 외조모 2촌

3촌 3촌 3촌 3촌 1촌 1촌 3촌 3촌 3촌 3촌

4촌 4촌 4촌 2촌 2촌 나 2촌 4촌 4촌

한국의 가족은 혼인, 혈연, 입양 등으로 이루어집니다. 촌수는 가족 간의 멀고 가까움을 나타내는 숫자체계입니다. 촌수는 기본적으로 부모와 자식 사이의 관계를 1촌으로 계산합니다. 부모 자식 다음으로 가까운 가족관계는 형제자매로 2촌입니다.

부부는 서로 피가 섞이지 않았지만 이 세상에서 가장 가까운 관계로 무촌, 즉 0촌입니다. 그러나 피로 연결되지 않았기 때문에 서로 마음이 안 맞으면 이혼하고 남남이 되기도 하는 관계입니다.

8과 지금 어디에 가요?

주제 길 찾기
어휘 교통 관련 어휘
문법 명사+에 가다/오다
동사+(으)러 가다/오다
명사+(으)로

복습 문법 패턴 연습
문장 만들기
활동 길 찾기
교통 안내하기
문화 한국의 행정구역

노 아: 카인 씨, 지금 어디에 가요?
카 인: 서울역에 친구를 만나러 가요. 그런데 길을 잘 몰라요.
서울역에 어떻게 가요?
노 아: 지하철로 가요.
카 인: 지하철역은 어디에 있어요?
노 아: 횡단보도를 건너서 오른쪽으로 100미터쯤 가요.

발음

서울역에[서울여게] 지하철을[지하처를]
길을[기를] 오른쪽으로[오른쪼그로]

교통

어휘

비행기
배
시내버스
고속버스
자동차
택시
트럭
전철(지하철)
기차
오토바이
자전거
도보
사거리
횡단보도
신호등
차도
인도
육교
지하도
4
방향 (동서남북)

문법 1 명사(어디) + 에 가다/ 오다: 어떤 위치나 장소로 이동하는 것을 말할 때 사용해요.

- 아침에 학교에 가요.
- 오후에 병원에 가요.
- 친구가 우리 집에 와요.
- 가: 하안, 언제 고향에 가요? 나: 방학 때 고향에 가요.
- 가: 라울, 지금 어디에 가요? 나: 시장에 가요.

연습 1. 〈보기〉와 같이 쓰세요.

〈보기〉 가: 주말에 어디**에 가요**?
나: **영화관에 가요.**

1) 오후에 집에 있어요?
아니요, ______________________.(시장)

2) 지금 어디에 가요?
______________________.(은행)

3) 오늘 누가 집에 와요?
______________________.(동생 친구들, 집)

4) 카인은 오늘 한국어 교실에 와요?
네, ______________________.(한국어 교실)

5) 다희야, 지금 어디 가?
______________________.(마트)

6) 이번 주말에 박물관에 같이 갈까요?
네, ______________________.(박물관)

7) 아까 어디에 다녀왔어요?
______________________.(핸드폰 가게)

문법 2 동사 + (으)러 가다/ 오다: 이동하는 목적을 말할 때 사용해요.

동사 받침 ○ → 으러 가다/ 오다		동사 받침 ×, ㄹ 받침 → 러 가다/ 오다	
먹다 찾다 씻다	먹으러 가다/ 오다 찾으러 가다/ 오다 씻으러 가다/ 오다	사다 일하다 놀다*	사러 가다/ 오다 일하러 가다/ 오다 놀러 가다/ 오다

가: 다희야, 지금 어디 가?
나: 학교에 공부하러 가.
가: 폰나린, 약국에 뭐 하러 가요?
나: 약국에 약을 사러 가요.
가: 마리, 지금 어디에 가세요?
나: 과일을 사러 시장에 가요.

연습 1. 〈보기〉와 같이 쓰세요.

〈보기〉 가: 성호씨, 지금 어디에 가세요?
나: 회사에 **일하러 가요.**(회사, 일)

1) 가: 안나야, 집에 누가 와?
나: ______________________.(친구들, 놀다)

2) 가: 하안, 지금 어디에 가요?
나: ______________________.(미용실, 머리를 자르다)

3) 가: 라울, 인도 식당에 뭐 하러 가?
나: ______________________.(인도 식당, 밥을 먹다)

4) 가: 카인, 센터에 뭐하러 가요?
나: ______________________.(센터, 한국어를 배우다)

■ 꼭 알아두기 **'동사 + (으)러'와 '동사 + (으)려고'**

	동사 + (으)러	동사 + (으)려고
공통점	동사의 목적이나 의도를 나타낸다.	
차이점	'가다, 오다, 다니다, 나가다'등 주로 이동에 관한 동사와 함께 쓴다. 예) 바다에 수영하러 가요. 우리 집에 식사하러 오세요.	모든 동사와 함께 쓸 수 있다. 예) 다이어트하려고 운동을 해요. 뉴스를 보려고 TV를 켜요.

문법 3

명사 + (으)로 : 방향과 도구, 수단, 방법을 말할 때 사용해요.

	명사 받침 ○ → 으로	명사 받침 ×, ㄹ받침 → 로
방향 이동	오른쪽으로, 안으로 2층으로, 한국으로	어디로, 위로 아래로, 서울로*
수단 방법	트럭으로, 볼펜으로 젓가락으로, 플라스틱으로	버스로, 오토바이로 가위로, 연필로*

- 어디로 가요?
- 횡단보도를 건너서 오른쪽으로 가세요.
- 연필로 쓰세요.
- 한국 사람들은 숟가락과 젓가락으로 음식을 먹어요.
- 집으로 가요.
- 2층으로 올라가세요.
- 버스로 1시간쯤 걸려요.

연습 1. 〈보기〉와 같이 쓰세요. 그리고 방향, 도구, 수단, 방법 중 어떤 의미인지 말해 보세요.

〈보기〉 가: **어디**로 갈까요?
나: 시청 **앞**으로 오세요.

1) 가: 지금 어디로 가요?
나: ______________________.(친구 집)

2) 가: 2층으로 올라가요?
나: 아니요, ______________________.(지하)

3) 가: 라면은 무엇으로 먹어요?
나: ______________________.(젓가락)

4) 가: 손님, 어디로 갈까요?
나: ______________________.(서울역)

5) 가: 화장실이 어디에 있어요?
나: ______________________.(위층)

6) 가: 이번 휴가는 어디로 갈 거예요?
나: ______________________.(제주도)

■ **꼭 알아두기** '명사 + (으)로' 는 다음의 기능도 있어요.

1. 어떤 물건의 재료를 말해요.

〈보기〉 가: 휴지는 무엇으로 만들어요? 나: 휴지는 나무로 만들어요..

1) 이 잼은 ____________ (으)로 만들었어요.(딸기)

2) 쌀국수는 ____________ (으)로 만들어요.(쌀)

3) 이 집은 ______________________ (으)로 지었어요.(벽돌과 시멘트)

4) 두부는 _____________ (으)로 만들어요.(콩)

2. 어떤 일의 원인, 이유를 말해요.

〈보기〉 가: 노아 씨, 요즘 어떻게 지내요? 나: 오늘 감기로 병원에 입원했어요.

1) ________________ (으)로 길이 막혀서 조금 늦었어요.(교통사고)

2) 어제부터 내린 ___________ (으)로 강물이 불어났어요.(폭우)

3) ________________ (으)로 벌금을 냈어요.(과속운전)

3. 명사를 선택할 때 사용해요.

〈보기〉 가: 뭐 먹을까요? 나: 저는 볶음밥으로 할게요.

1) 가: 뭘 마시겠어요? 나: 저는 _________ (으)로 할게요.(커피)

2) 가: 점심은 뭘로(=무엇으로) 하시겠어요? 나: ___________ (으)로 할게요.(김밥)

3) 가: 어떤 색깔로 하시겠어요? 나: 저는 ___________ (으)로 할게요.(빨간 색)

복 습

1. **'동사+(으)러 가다/오다'** 아래의 표를 완성하세요.

기본형	동사+(으)러 가다/오다	기본형	동사+(으)러 가다/오다
만나다	만나러 가다(가요)/오다(와요)	주다	
고치다		받다	
바꾸다		잡다	
마시다		자다	
타다		즐기다	
하다		배우다	
팔다*		찾다	

2. **'동사+(으)러 가다/오다'** 이동하는 목적을 나타내는 문장을 만들고 발표해 보세요.

예) 도서관에 책을 빌리러 가요.

연습) ______________________________.

3. **'동사+(으)려고'** 목적이나 의도를 나타내는 문장을 만들고 발표해 보세요.

예) 시험에 합격하려고 열심히 공부해요.

연습) ______________________________.

4. **'명사+으로/ 로'** 아래 표를 완성하세요.

명사	으로/로	명사	으로/로
안/밖	안으로/밖으로	택시	
위/아래		숟가락	
오른쪽/왼쪽		열쇠	
비행기		화장실*	

5. **'명사+(으)로'** 방향, 도구, 수단, 방법을 나타내는 문장을 만들고 발표해 보세요.

예) 언니가 내년에 한국으로 유학을 가요.

연습) ______________________________.

■ **꼭 외우기** 지금 어디에 가요? 회사에 일하러 가요. 어디로 가요? 집으로 가요.

활동1 듣고 말하기

1. 잘 듣고 질문에 답해 보세요.

1) 오늘 아빠는 어디에 가세요?

____.

2) 엄마는 시내에 왜 가세요?

____.

3) 할머니 댁은 어떻게 가요?

____.

2. 다음의 장소에 가는 목적이 무엇인지 〈보기〉와 같이 친구와 이야기해 보세요.

〈보기〉 가: 지금 **어디에** 가요?
나: **백화점에** 가요.
가: 백화점에 **뭐 하러 가요**?
나: 신발을 **사러 가요.**

활동2 읽고 쓰기

1. 다음 글을 잘 읽고 답해 보세요.

폰나린은 오늘 한국어 수업이 있어요.
문화센터에서 한국어 수업을 해요.
한국어를 배우러 문화센터에 가요.
문화센터는 경찰서 옆에 있어요.
자전거로 10분쯤 가요.
한국어 교실은 문화센터 2층에 있어요.
계단으로 올라가요.

1) 폰나린은 문화센터에 왜 가요?

______________________________.

2) 문화센터는 어디에 있어요?

______________________________.

3) 문화센터에 어떻게 가요?

______________________________.

2. 여러분은 오늘 어디에 가요? 뭐 하러 가요? 거기는 어떻게 가요? 거기는 어디로 가요?
〈보기〉와 같이 써 보세요.

〈보기〉 오늘은 날씨가 더워요. 그래서 저는 아이스크림을 사러 가게에 가요.
아이스크림 가게는 우리 집 뒤에 있어요. 집 뒤로 걸어가요.

______________________________.

______________________________.

______________________________.

______________________________.

한국의 행정구역

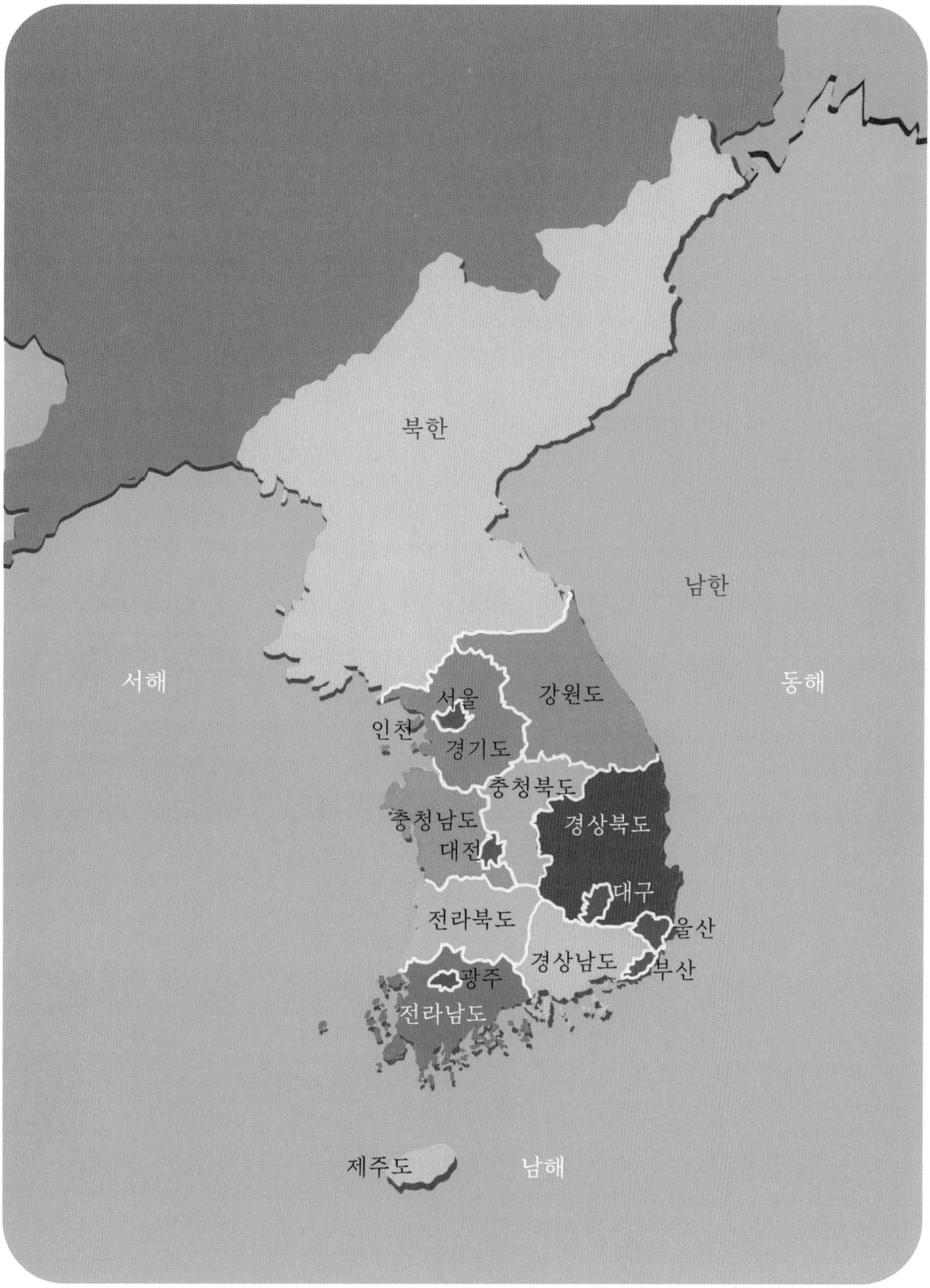

북한
남한
서해
동해
강원도
서울
인천
경기도
충청북도
충청남도
대전
경상북도
대구
전라북도
울산
경상남도
부산
광주
전라남도
제주도
남해

9과

매일 아침 7시에 일어나요

주제 하루 일과
어휘 시간 관련
하루 일과 동사
문법 ~부터~까지
동/형+지만
동사+아/어서

복습 문법 패턴 연습
문장 만들기
활동 시간 말하기
하루 일과 설명하기
문화 한국의 특별한 생일

라 울: 지금 무엇을 해요?
폰나린: 회사에서 일해요.
라 울: 점심시간은 언제예요?
폰나린: 12시 반부터 1시 반까지예요.
라 울: 보통 퇴근 시간은 몇 시예요?
폰나린: 6시예요.
라 울: 저녁을 같이 먹을까요?
폰나린: 네, 좋아요.

발음

무엇을[무어슬] 저녁을[저녀글] 먹을까요[머글까요]
점심시간은[점심시가는] 같이[가치] 좋아요[조아요]
몇 시[면씨]

시간 관련 (시, 분)

어휘

1시(한 시)

2시(두 시)

3시(세 시)

4시(네 시)

5시(다섯 시)

6시(여섯 시)

7시(일곱 시)

8시(여덟 시)

9시(아홉 시)

10시(열 시)

11시(열한 시)

12시(열두 시)

5분(오 분)

10분(십 분)

15분(십오 분)

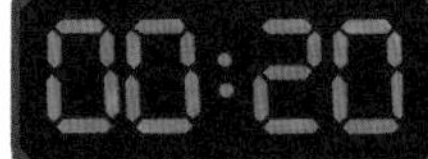

20분(이십 분)

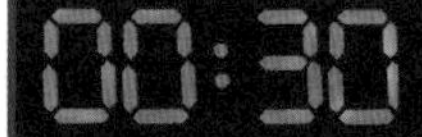

30분(삼십 분)

45분(사십오 분)

55분(오십오 분)

60분(육십 분)

가: 지금 몇 시예요?

나: ____________________.

가: 지금 몇 시예요?

나: ____________________.

가: 지금 몇 시예요?

나: ____________________.

가: 지금 몇 시예요?

나: ____________________.

가: 지금 몇 시예요?

나: ____________________.

가: 지금 몇 시예요?

나: ____________________.

하루 일과 동사

어휘

일어나다　세수하다　이를 닦다　아침 식사를 하다

출근하다　일하다　등교하다　공부하다

운동하다　청소하다　빨래하다　쉬다

점심 식사를 하다　낮잠을 자다　친구를 만나다　커피를 마시다

간식을 먹다　퇴근하다　장을 보다　저녁 식사를 하다

샤워하다　TV를 보다　인터넷을 하다　잠을 자다

문법 1 명사 + 부터 ~ 명사 + 까지: 시간이나 일의 범위(시작과 끝)를 말할 때 사용해요.

- 오전 9시부터 오후 5시까지 일해요.
- 며칠부터 며칠까지 휴가예요?
- 방학은 언제부터 언제까지예요?
- 점심시간은 12시부터 1시까지예요.
- 10쪽부터 11쪽까지 읽으세요.
- 여기서부터 저기까지 다 살게요.

연습 1. 〈보기〉와 같이 쓰세요.

〈보기〉

월요일부터 금요일까지 학교에 가요.
(월요일, 금요일, 학교에 가다).

1) ______________________________.
(오전 10시, 12시, 한국어를 배우다)

2) ______________________________.
(오후 2시, 3시, 숙제를 하다)

3) ______________________________.
(머리, 발끝, 다 아프다)

4) 우리 식당은 ______________________________.
(아침 8시, 저녁 8시, 영업하다)

5) 한국의 겨울은 보통 ______________________________.
(12월, 2월)

■ 꼭 알아두기

1. '-부터'는 '-에서부터'나 이를 줄인 '-서부터'와 바꾸어 쓸 수 있어요.

예) 1월부터 3월까지 = 1월서부터 3월까지, 서울에서 부산까지 = 서울에서부터 부산까지
(구체적인 장소에서 출발을 나타낼 때는 '-에서'나 '-서'를 쓰는데 이 경우도 '-에서부터'와 '-서부터'로 바꿔 쓸 수 있어요.)

2. '-부터'만 사용할 때는 행동이나 상태가 시작되거나 일의 순서상 제일 먼저 할 일을 말해요

예) 다음 달부터 쌀값이 올라요. 내일부터 회사에 다녀요. 손부터 씻고 오세요.

문법 2 동사/형용사 + 지만: 앞의 내용과 상반되는 내용을 말할 때 사용해요.

동사, 형용사 + 지만				명사 + (이)지만	
먹다 일하다	먹지만 일하지만	크다 덥다	크지만 덥지만	감자 학생	감자지만 학생이지만

- 오늘은 일해요. 하지만 내일은 쉬어요.
- 형은 빵을 먹지만 동생은 밥을 먹어요.
- 언니는 노래를 잘 하지만 동생은 노래를 못 해요.
- 저는 한국어를 배우지만 친구는 영어를 배워요.
- 제가 좋아하는 과일은 수박이지만 나미가 좋아하는 과일은 망고예요.

연습 1. 〈보기〉와 같이 쓰세요.

〈보기〉 저는 컴퓨터를 **하지만** 동생은 텔레비전을 봐요.
(저, 컴퓨터를 하다, 하지만, 동생, 텔레비전을 보다)

1) ______________________________.
(저, 머리를 자르다, 하지만, 엄마, 파마를 하다)

2) ______________________________.
(라울, 학교에 가다, 하지만, 노아, 회사에 가다)

3) ______________________________.
(한국 음식, 맵다, 하지만, 맛있다)

4) ______________________________.
(다희, 한국 사람이다, 하지만, 카인, 러시아 사람이다)

5) ______________________________.
(김성호 씨, 회사원이다, 하지만, 나미 씨, 선생님이다)

문법 3

동사 + 아/어서: 행동을 순서에 따라 말할 때 사용해요

ㅏ, ㅗ + 아서		ㅏ, ㅗ 외 + 어서	
가다 오다 일어나다	가서 와서 일어나서	만나다 만들다 내리다	만나서 만들어서 내려서

- 마트에 가서 설탕을 사요.
- 아침에 일어나서 학교에 가요.
- 집에 와서 손을 씻어요.
- 사과를 깎아서 먹어요.
- 친구를 만나서 놀아요.
- 은행에 가서 돈을 찾아요.

연습 1. 〈보기〉와 같이 쓰세요.

〈보기〉 가: 오후에 뭐 해요?

나: 친구를 **만나서** 쇼핑을 해요. (친구를 만나다, 쇼핑을 하다)

1) 가: 생일에 어떤 선물을 할까요?

나: ______________________.(꽃을 사다, 선물하다)

2) 가: 저녁에 뭐 먹어요?

나: ______________________.(카레를 만들다, 다 같이 먹다)

3) 가: 토요일에 뭐 해요?

나: ______________________.(센터에 가다, 한국어를 공부하다)

4) 가: 어디에서 내려요?

나: ______________________.(사거리를 지나다, 내리다)

5) 가: 이 계란을 어떻게 할까요?

나: ______________________.(삶다, 먹다)

6) 가: 돈을 모아서 뭐 해요?

나: ______________________.(돈을 모으다, 여행을 가다)

복 습

1. **'~부터 ~까지'** 시작과 끝을 나타내는 문장을 만들고 발표해 보세요.

예) 이번 주 월요일부터 수요일까지 백화점 할인행사를 해요.

연습) ______________________________.

2. **'동/형+지만'** 앞뒤 내용이 상반되는 문장을 만들고 발표해 보세요.

예) 얼굴은 웃고 있지만 마음은 슬퍼요.

연습) ______________________________.

■ **꼭 알아두기**

인과 관계(원인 결과)	따라서, 그래서, 왜냐하면, 그러므로...
상반 관계(대조)	하지만, 그렇지만, 그러나, 그런데, 반면에...
순접 관계(상반되지 않고 연결)	그리고, 그러므로, 그래서...
첨가 관계(강조, 보충)	그리고, 또한, 뿐만 아니라, 게다가, 더구나...
전환 관계(화제가 바뀜)	그런데, 그러면, 한편...
대등 관계(대등하게 연결)	또는, 및, 한편, 그리고...

3. **'동사+아/어서'** 아래 표를 완성하세요.

기본형	동사+아/어서	기본형	동사+아/어서
아기를 낳다	아기를 낳아서	여행을 가다	
물을 끓이다		돈을 벌다	
고기를 굽다		병원에 가다	
학교에 가다		선물을 사다	
회사에 가다		친구가 오다	

4. **'동사+아/어서'** 행동을 순서에 따라 말하는 문장을 만들고 발표해 보세요.

예) 쌀을 씻어서 밥을 해요.

연습) ______________________________.

■ **꼭 외우기** 매일 아침 7시에 일어나요. 오늘은 일하지만 내일은 쉬어요. 월요일부터 금요일까지 학교에 가요. 학교에 가서 공부해요.

활동1 듣고 말하기

1. 다음을 잘 듣고 쓰세요.

1) 하안의 생일은 언제예요?

______________________________.

2) 하안의 생일파티는 몇 시부터 몇 시까지예요?

______________________________.

3) 라울은 무엇을 사서 가요?

______________________________.

2. 〈보기〉와 같이 하루 일과를 친구하고 이야기해 보세요.

〈보기〉

가: 몇 시에 일어나요?

나: 아침 7시에 일어나요.

1) 가: 아침에 일어나서 무엇을 해요? 나: ______________________________.

2) 가: 학교(회사)에 가서 무엇을 해요? 나: ______________________________.

3) 가: 몇 시부터 몇 시까지 한국어 공부를(일을) 해요?
나: ______________________________.

4) 가: 몇 시에 하교(퇴근)해요? 나: ______________________________.

5) 가: 집에 와서 무엇을 해요? 나: ______________________________.

6) 가: 몇 시부터 몇 시까지 컴퓨터를 해요?
나: ______________________________.

7) 가: 몇 시에 자요? 나: ______________________________.

활동2 읽고 쓰기

1. 다음 글을 잘 읽고 답해 보세요.

노아는 나이지리아 사람입니다. 노아는 한국말을 잘 못 합니다. 그래서 토요일마다 한국문화센터에 가서 한국어를 배웁니다. 한국어 수업은 오전 10시부터 12시까지 입니다. 그리고 노아는 라울과 만나서 식당에 갑니다. 라울은 비빔밥을 먹지만 노아는 삼계탕을 먹습니다. 그리고 카페에 가서 커피를 마십니다.

1) 노아는 언제 한국 문화 센터에 가요?

______________________________.

2) 한국어 수업은 몇 시부터 몇 시까지예요?

______________________________.

3) 노아와 라울은 식당에서 무엇을 먹어요?

______________________________.

4) 두 사람은 밥을 먹고 어디에 가서 무엇을 해요?

______________________________.

2. 여러분의 '토요일'은 어때요? 토요일 아침부터 밤까지의 하루 일과를 써 보세요.

저는 토요일 아침에 ______________________________

____

____

____

____

______________________________.

한국의 특별한 생일

돌

돌은 아기가 태어나 처음 맞이하는 생일로 '첫 돌'이라고도 해요. 첫 돌에는 음식을 차려 놓고 손님을 초대하여 아기의 생일을 축하하는 돌잔치를 해요. 그리고 아기 앞에 돈, 실, 작은 공, 책, 마이크, 청진기 등 여러 가지 물건을 놓아두고 마음대로 골라잡게 하여 아기의 미래를 알아보는 돌잡이도 해요.

칠순

칠순은 70세 생일을 말해요. 옛날에는 60세 이상이면 노인이었어요. 그래서 만 60세의 생일인 환갑을 중요하게 생각해서 잔치를 크게 했어요. 그러나 요즘에는 65세 이상을 노인으로 보고 칠순잔치를 더 크게 해요. 참고로, 만 80세의 생일은 '팔순'이라고 해요. 오늘날에는 팔순 잔치를 하는 분들도 아주 많아요.

10과

어제 친구를 만났어요

주제 일상생활
어휘 기본 형용사
문법 동/형+았/었/했
안+동/형
동/형+지 않다
복습 문법 패턴 연습
문장 만들기
활동 과거 말하기
부정문 말하기
문화 한국의 교통 문화

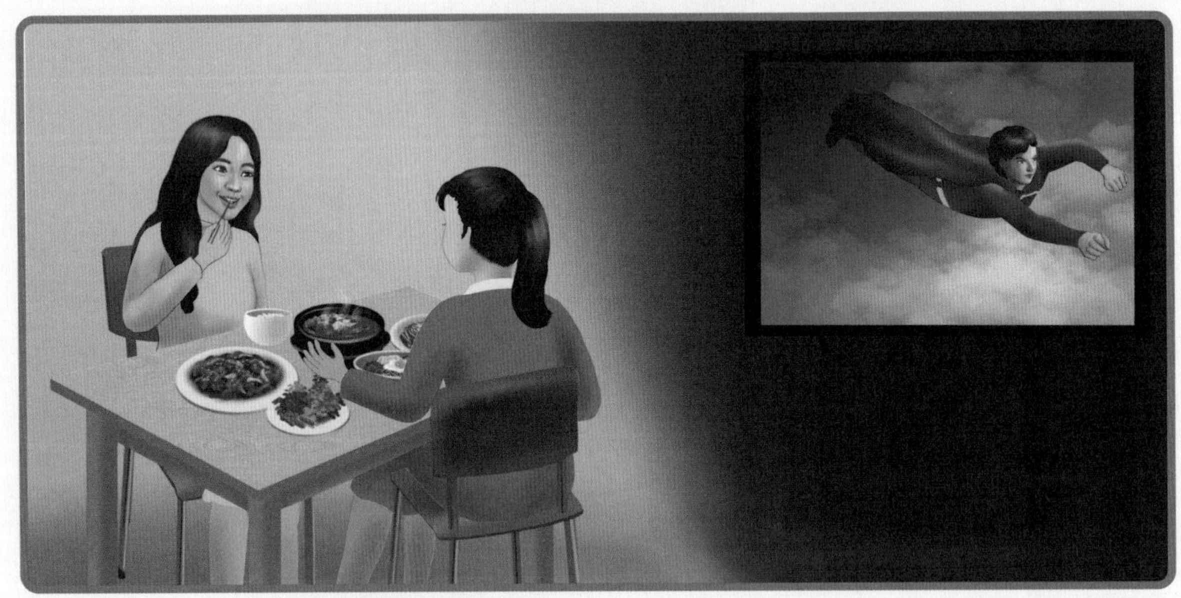

다 희: 하안, 어제 뭐 했어요?
하 안: 어제 친구를 만났어요.
다 희: 친구하고 뭐 했어요?
하 안: 밥도 먹고 영화도 봤어요.
다 희: 무슨 영화를 봤어요?
하 안: 액션영화를 봤어요. 아주 재미있었어요.

발음

했어요[해써요]	밥도[밥또]	봤어요[봐써요]
만났어요[만나써요]	재미있었어요[재미이써써요]	먹고[먹꼬]

기본 형용사(반대말)

어휘

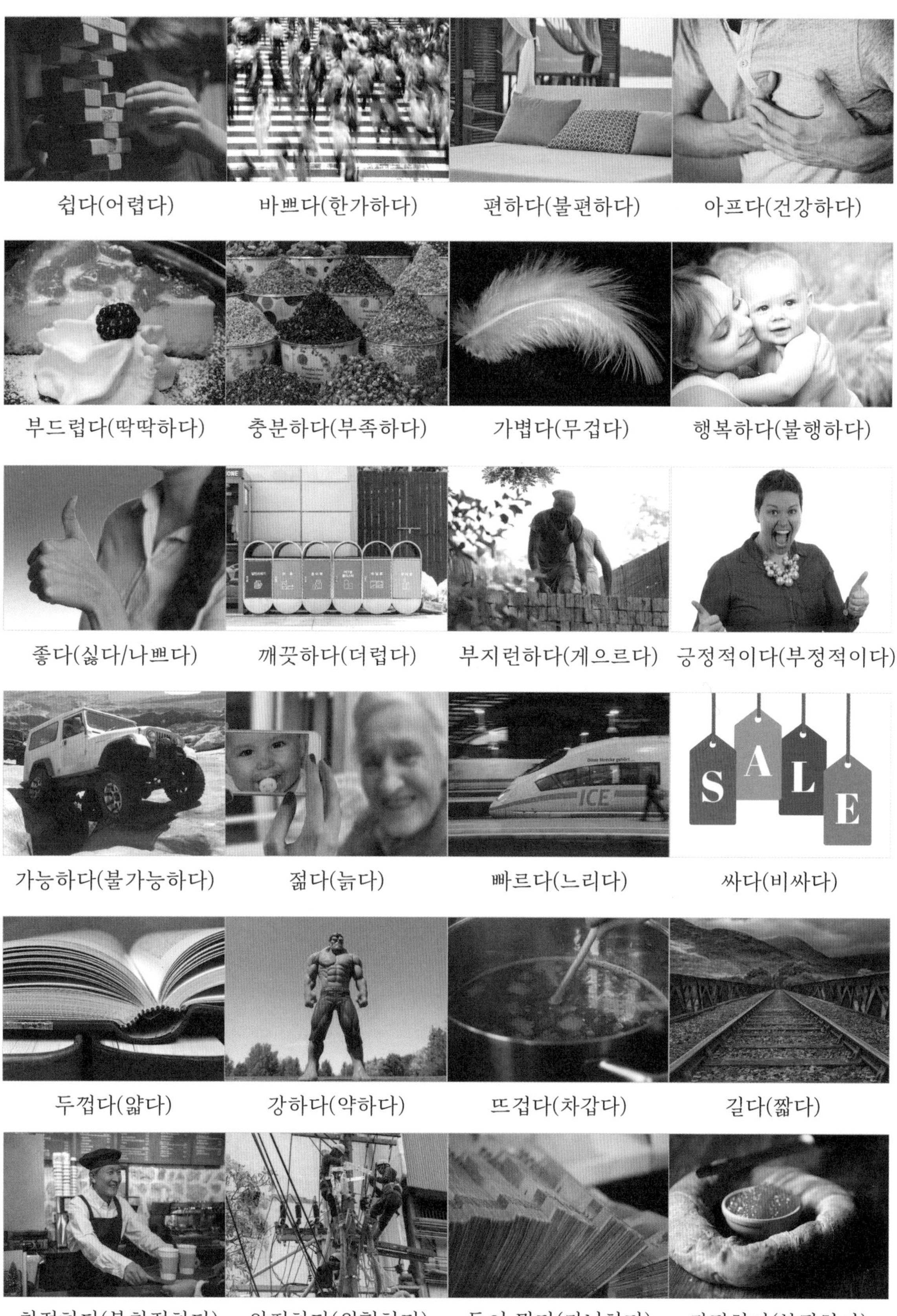

쉽다(어렵다) | 바쁘다(한가하다) | 편하다(불편하다) | 아프다(건강하다)

부드럽다(딱딱하다) | 충분하다(부족하다) | 가볍다(무겁다) | 행복하다(불행하다)

좋다(싫다/나쁘다) | 깨끗하다(더럽다) | 부지런하다(게으르다) | 긍정적이다(부정적이다)

가능하다(불가능하다) | 젊다(늙다) | 빠르다(느리다) | 싸다(비싸다)

두껍다(얇다) | 강하다(약하다) | 뜨겁다(차갑다) | 길다(짧다)

친절하다(불친절하다) | 안전하다(위험하다) | 돈이 많다(가난하다) | 간단하다(복잡하다)

문법 1 동사/형용사 + 았/었/했 : 과거에 한 일이나 과거의 상태를 말할 때 사용해요.

	ㅏ, ㅗ + 았어요	ㅏ, ㅗ 외 + 었어요	하다 → 했어요
동사	가다 - 갔어요 오다 - 왔어요 보다 - 봤어요 만나다 - 만났어요	먹다 - 먹었어요 마시다 - 마셨어요 씻다 - 씻었어요 찍다 - 찍었어요	공부하다 - 공부했어요 산책하다 - 산책했어요 샤워하다 - 샤워했어요 정리하다 - 정리했어요
형용사	많다 - 많았어요 좋다 - 좋았어요 아프다* - 아팠어요	늦다 - 늦었어요 덥다* - 더웠어요 아름답다*- 아름다웠어요	피곤하다 - 피곤했어요 행복하다 - 행복했어요 심심하다 - 심심했어요
명사	**명사 + 이었/였**		
	배우였어요, 친구였어요, 학생이었어요, 외국인이었어요		

- 오후에 낮잠을 잤어요.
- 가게에서 떡볶이를 먹었어요. 맛있었어요.
- 지난주에 친구와 함께 바다에 가서 수영도 하고 사진도 찍었어요.

연습 1. 〈보기〉와 같이 쓰세요.

〈보기〉 가: 어제 뭐 **했어요**?
나: 언니와 함께 집안일을 **했어요**.(언니와 함께 집안일을 하다)

1) 가: 여기 언제 왔어요? 나: ______________________.(방금 오다)

2) 가: 아까 누구 만났어요? 나: ______________________.(회사 동료를 만나다)

3) 가: 누구하고 쇼핑했어요? 나: ______________________.(엄마와 쇼핑하다)

4) 가: 점심에 뭐 먹었어요? 나: ______________________.(라면을 먹다)

■ 꼭 알아두기 **'으' 탈락** : '으'모음 다음 첫소리에 모음이 오면 '으'가 탈락돼요.

아프다	아프 + 어요 → 아ㅍ + 아요 → '아파요' : 머리가 아파요.(아팠어요)
예쁘다	예쁘 + 어요 → 예ㅃ + 어요 → '예뻐요' : 마음이 참 예뻐요.(예뻤어요)

연습) 1) 바쁘다 – (   ) – 바빴어요 2) 배고프다 – 배고파요 – (   )

3) (글을/ 모자를/ 안경을)쓰다 – (   ) – 썼어요. 4) 크다 – 커요 – (   )

문법 2 안 + 동사/형용사 : 동사나 형용사를 부정할 때 사용해요.
'동사/형용사 + 지 않다'와 바꾸어 쓸 수 있어요.

안 + 동사	안 + 형용사
가다 - 안 가요 먹다 - 안 먹어요 하다 - 안 해요	좋다 - 안 좋아요 멀다 - 안 멀어요 작다 - 안 작아요
동사 + 지 않다	**형용사 + 지 않다**
내리다 - 내리지 않아요 마시다 - 마시지 않아요 좋아하다 - 좋아하지 않아요	나쁘다 - 나쁘지 않아요 어렵다 - 어렵지 않아요 복잡하다 - 복잡하지 않아요

연습 1. 〈보기〉와 같이 대화를 완성하세요.

〈보기〉 가: 이번 역에서 내려요?
나: 아니요, 이번 역에서 **안 내려요/ 내리지 않아요.**

1) 가: 커피를 마셔요?
나: 아니요, 커피를 ______________________.

2) 가: 김치를 좋아해요?
나: 아니요, 김치를 ______________________.

3) 가: 기분이 나빠요?
나: 아니요, 기분이 ______________________.

4) 가: 시험이 어려워요?
나: 아니요, 시험이 ______________________.

5) 가: 길이 복잡해요?
나: 아니요, 길이 ______________________.

■ **꼭 알아두기** '명사+하다'로 된 동사의 경우 '명사+안+하다'나 '명사(을/를)+하다+지 않다'로 부정

예) 나는 도시로 이사했다.
부정) 나는 도시로 안 이사했다. (×)
나는 도시로 이사하지 않았다. (○)
나는 도시로 이사(를) 안 했다. (○)

복 습

1. **'동/형+았/었/했어요'** 아래 표를 완성하세요.

기본형	동/형+았/었/했어요	기본형	동/형+았/었/했어요
살다	살았어요	빌리다	
떠나다		고프다*	
심하다		그리다	
말하다		서다	
일하다		넓다	
출근하다		웃다	
유학하다		헤어지다	

2. **'동/형+았/었/했, 명사+이었어요'** 과거를 나타내는 문장을 만들고 발표해 보세요.

예) 정말 재미있는 게임이었어요.

연습) ____.

3. **'안+동/형, 동/형+지 않다'** 아래 표를 완성하세요.

기본형	안+동/형, 동/형+지 않다	기본형	안+동/형, 동/형+지 않다
살다	안 살다, 살지 않다	빌리다	
떠나다		갚다	
말하다		서다	
심각하다		고프다	

4. **'안+동/형, 동/형+지 않다'** 부정을 나타내는 문장을 만들고 발표해 보세요.

예) 저는 고기를 안 먹어요(먹지 않아요). 야채만 먹어요.

연습) ____.

■ **꼭 알아두기** **못+동사(=동사+지 못하다)** : '불가능'을 나타낼 때 사용해요. 빈 칸을 채우세요.

(학교에) 못 가다	(아파서) 못 자다	(매운 음식) 못 먹다	전화 못 하다	운전 못 하다
못 가요	못 자요	못 먹어요	전화 못 해요	
못 갔어요			전화 못 했어요	
가지 못 했어요				

※ 못 일하다, 못 운전하다, 못 공부하다 (X)

활동1 듣고 말하기

1. 다음을 잘 듣고 알맞은 그림에 동그라미 하세요.

2. 〈보기〉와 같이 친구와 대화하고 대답을 써 보세요.

질문	대답 1	대답 2
<보기> 한국어 숙제했어요?	네, 했어요.	아니요, 안 했어요.
1) 많이 기다렸어요?		
2) 친구를 만났어요?		
3) 선생님께 전화했어요?		
4) 청소했어요?		
5) 집에 갔어요?		
6) 아까 바빴어요?		
7) K-POP 알아요?		

■ **꼭 알아두기** 모음축약

모음축약은 두 개의 모음이 합해져서 하나의 이중모음으로 발음되는 것을 말해요.

꽃이 피다	피+어요 → 펴요	우유를 마시다	마시+어요 → 마셔요
영화를 보다	보+아요 → (　　　)	집에 오다	오+아요 → (　　　)

활동2 읽고 쓰기

1. 다음을 읽고 대답해 보세요.

마리 씨의 가족은 어제 저녁에 외식을 했어요.
마리 씨와 딸 안나가 먼저 식당에 도착했어요.
남편은 퇴근하고 바로 식당으로 왔어요.
스파게티와 샐러드, 피자를 주문해서 맛있게 먹었어요.
마리와 남편은 커피도 마셨어요.
안나는 커피를 안 마셨어요. 콜라를 마셨어요.

1) 마리 씨는 어제 저녁에 무엇을 했어요? ______________________.

2) 마리 씨의 가족은 무엇을 먹었어요? ______________________.

3) 안나는 커피를 마셨어요? ______________________.

2. 여러분은 어제 저녁에 무엇을 했어요? 써 보세요.

저는 어제 저녁에 ______________________

____

____

____

______________________.

■ **꼭 알아두기** 모음탈락

연속된 두 개의 모음(ㅏ, ㅓ, ㅐ, ㅔ, ㅕ, ㅞ 등) 중 하나만 발음되고 하나는 발음되지 않아요(탈락).

친구를 만나다	만나+아요 → 만나요	학교에 가다	가+아요 → ( )
옷을 사다	사+아요 → 사요	일찍 자다	자+아요 → ( )
일어서다	일어서+어요 → 일어서요	불을 켜다	켜+어요 → ( )
빨래를 개다	개+어요 → 개요	리본을 매다	매+어요 → ( )

한국의 교통문화

대중교통

버스

지하철

택시

KTX - 고속전철

교통예절

임산부 좌석

노약자석

앞문으로 타고 뒷문으로 내려요

큰 소리로 통화하지 않아요

11과

김치는 좀 매워요

주제 식생활
어휘 음식 이름
맛 표현
문법 동사+고
동사+(을)ㄹ까요?
ㄷ, ㅂ, ㅅ 불규칙

복습 문법 패턴 연습
문장 만들기
활동 제안하기
수락하기
문화 한국의 음식 문화

마 리: 여보, 식사 준비 다 됐어요. 식사해요.
안나야, 손 씻고 와. 밥 먹자.
성 호: 불고기도 맛있고 된장찌개도 너무 맛있네요.
당신 요리솜씨가 아주 좋아요.
마 리: 고마워요. 맛있게 먹어요.
안나야, 김치도 먹어 봐.
안 나: 김치는 좀 매워요. 하지만 맛있어요.
마 리: 여기 물 있어. 천천히 먹어.

발음

식사[식싸]
됐어요[돼써요]
씻고[씯꼬]
맛있고[마씨꼬]
맛있네요[마씬네요]
좋아요[조아요]
먹어요[머거요]
물 있어[무리써]

음식 이름과 맛 표현

어휘

음식 이름

김치  비빔밥  볶음밥  삼계탕

삼겹살  된장찌개  김치찌개  갈비탕

미역국  불고기  냉면  죽

라면  국수  떡볶이  김밥

맛 표현

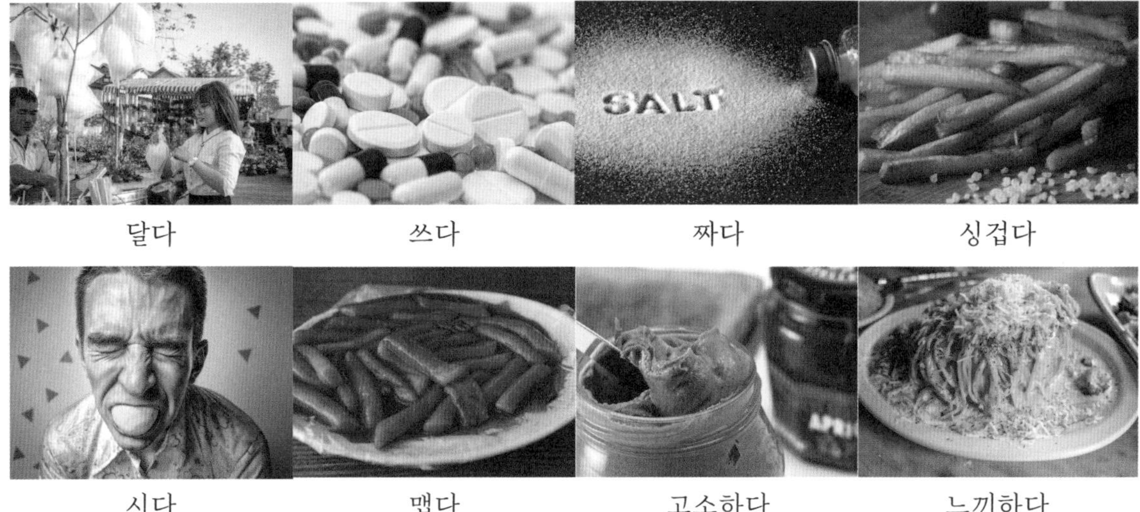

달다 쓰다 짜다 싱겁다

시다 맵다 고소하다 느끼하다

문법 1

동사 + 고 : 행동을 시간의 순서에 따라 말할 때 사용해요.

- 숙제를 하고 놀아요.
- 아침을 먹고 학교에 가요.
- 샤워하고 로션을 발라요.
- 손을 씻고 밥을 먹어요.
- 일하고 샤워해요.
- 식사하고 커피를 마셔요.

연습 1. 〈보기〉와 같이 쓰세요.

〈보기〉 가: 회사에 어떻게 가요?

나: 버스를 **타고** 지하철로 갈아타요.

1)

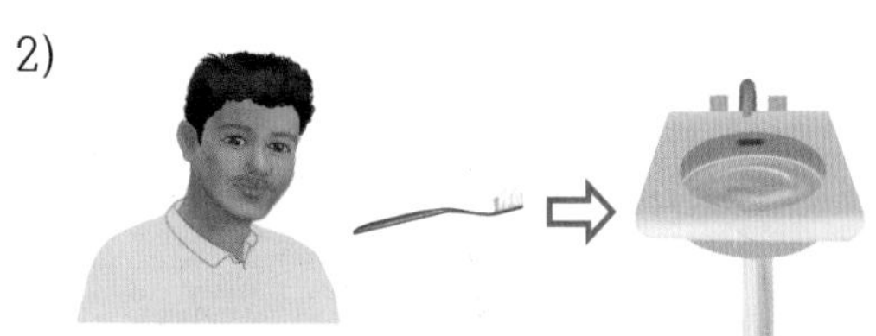

가: 성호 씨는 뭐해요?

나: ______________________________.

2)

가: 라울은 뭐해요?

나: ______________________________.

3)

가: 안나는 뭐해요?

나: ______________________________.

4)

가: 다희는 뭐해요?

나: ______________________________.

■ **꼭 알아두기** **'동/형+고'**는 시간의 순서와 관계없이 행동, 상황, 사실을 나열할 때 사용해요.

여름은 <u>덥고</u> 비가 많이 와요.	오늘은 집에서 청소도 <u>하고</u> 빨래도 했어요.
시장에는 생선도 <u>팔고</u> 과일도 팔아요.	우리 선생님은 <u>친절하고</u> 멋있어요.

문법 2

동사 + (을)ㄹ까요? : 상대방의 의견을 묻거나 제안할 때 사용해요.

동사 받침 ○ → - 을까요?		동사 받침 ×, ㄹ 받침 → - ㄹ까요?	
먹다	먹을까요?	가다	갈까요?
씻다	씻을까요?	하다	할까요?
읽다	읽을까요?	만나다	만날까요?
깎다	깎을까요?	열다*	열까요?

- 한국어 숙제를 같이 할까요?
- 먼저 손을 씻을까요?
- 언제 밥 한 번 먹을까요?
- 창문을 열까요?
- 몇 시에 만날까요?
- 지금 갈까요?

연습 1. 〈보기〉와 같이 쓰세요.

〈보기〉 가: 뭐 **먹을까요**?
나: 비빔밥을 먹어요.

1) 가: 같이 ______________________? (영화보다)
나: 네, 좋아요.

2) 가: 혼자 청소해요? ______________________? (도와주다)
나: 네, 고마워요.

3) 가: 같이 점심 ______________________? (먹다)
나: 네, 좋아요.

4) 가: 오늘 시간 어때요? 오후에 ______________________? (만나다)
나: 미안해요. 오후에 바빠요.

■ **꼭 알아두기** 'ㄹ'받침으로 끝나는 동사의 경우

〈보기〉 살다 → 살을까요? (×) 살까요? (○)

연습) (문을) 밀다 → (   )? (먼지를) 털다 → (   )? (그 일을) 알다 → (   )?
(쿠키를) 만들다 → (   )? (물건을) 팔다 → (   )? (어디에) 살다 → (   )?

■ **꼭 알아두기** 불규칙

1. 'ㄷ' 불규칙

일부 동사 어간의 받침 'ㄷ'이 모음 앞에서 'ㄹ'로 바뀌는 것입니다.

	-아요/어요	-았어요/었어요	-(으)세요	-습니다/ㅂ니다
걷다	(길을) 걸어요	걸었어요	걸으세요	걷습니다
듣다	(음악을) 들어요	들었어요	들으세요	듣습니다
묻다	(방법을) 물어요	물었어요	물으세요	묻습니다
닫다(규칙)	(문을) 닫아요	닫았어요	닫으세요	닫습니다
믿다	(나를) 믿어요	믿었어요	믿으세요	믿습니다
받다	(선물을) 받아요	받았어요	받으세요	받습니다

예) 기분이 안 좋을 때 음악을 들어요. (불규칙)

친구에게 생일 선물을 받았어요. (규칙)

2. 'ㅂ' 불규칙

일부 동사나 형용사 어간의 받침 'ㅂ'이 모음 앞에서 '오/우'로 바뀌는 것입니다.

	-아요/어요	-았어요/었어요	-습니다/ㅂ니다	-지만
맵다	(김치가) 매워요	매웠어요	맵습니다	맵지만
싱겁다	(국이) 싱거워요	싱거웠어요	싱겁습니다	싱겁지만
춥다	(날씨가) 추워요	추웠어요	춥습니다	춥지만
덥다	(날씨가) 더워요	더웠어요	덥습니다	덥지만
쉽다	(문제가) 쉬워요	쉬웠어요	쉽습니다	쉽지만
어렵다	(공부가) 어려워요	어려웠어요	어렵습니다	어렵지만
입다(규칙)	(옷을) 입어요	입었어요	입습니다	입지만
좁다	(방이) 좁아요	좁았어요	좁습니다	좁지만

예) 김치는 좀 매워요. 하지만 맛있어요 = 김치는 좀 맵지만 맛있어요.

한국어는 어려워요. 하지만 재미있어요 = 한국어는 어렵지만 재미있어요.

3. 'ㅅ' 불규칙

동사나 형용사 어간의 받침 'ㅅ'이 모음 앞에서 탈락하는 것입니다.

	-아요/어요	-았어요/었어요	-(으)세요	-습니다/ㅂ니다
낫다	(병이) 나아요	나았어요	나으세요	낫습니다
붓다	(물을) 부어요	부었어요	부으세요	붓습니다
짓다	(집을) 지어요	지었어요	지으세요	짓습니다
씻다(규칙)	(손을) 씻어요	씻었어요	씻으세요	씻습니다
벗다	(신발을) 벗어요	벗었어요	벗으세요	벗습니다

예) 병원에서 치료를 받고 병이 다 나았어요.

돈을 열심히 모아서 집을 지었어요.

밥을 먹기 전에 손을 씻어요.

양말을 벗어서 세탁기에 넣어요.

복 습

1. **'동사+을(ㄹ)까요?'** 아래 표를 완성하세요.

기본형	동사 + 을(ㄹ)까요?	기본형	동사 + 을(ㄹ)까요?
오다	올까요?	쓰다	
주다		버리다	
덮다		모이다	
주문하다		사다	
좋아하다		살다*	
출발하다		놀다*	
사귀다		흔들다*	

2. **'동사+(을)ㄹ까요?'** 묻거나 제안하는 문장을 만들고 발표해 보세요.

예) 내일 같이 밥 먹을까요?

1) ____.

2) ____.

3. 다음 빈 칸에 **'동사+(을)ㄹ까요?'**나 **'동/형+고'**를 사용하여 문장을 완성하세요.

1) 가: 이번 주말에 제주도에 ____________? 나: 네, 좋아요. 제주도에 갑시다.

가: 배를 ____________? 비행기를 ____________? 나: 비행기를 탑시다.

가: 뭐 ____________? 나: 고기국수를 먹읍시다.

가: 잠은 어디에서 ____________? 나: 호텔에서 잡시다.

2) 친구와 밥을 _________ 커피를 마십니다. (먹다, 시간의 순서)

3) 친구와 이야기도 _________ 커피도 마십니다. (하다, 나열)

4) 갑자기 열이 __________ 기침도 나요. (나다, 나열)

5) 수업이 __________ 아르바이트를 해요. (끝나다, 시간의 순서)

6) 제 아버지는 ____________ 어머니는 의사예요. (엔지니어*, 나열)

■ **꼭 외우기** 김치는 좀 매워요. 손을 씻고 밥을 먹어요. 몇 시에 만날까요?

활동1 듣고 말하기

1. 다음을 잘 듣고 알맞은 그림에 동그라미 하세요.

2. 〈보기〉와 같이 친구와 이야기해 보세요.

〈보기〉 가: 우리 뭐 **먹을까요**?

나: 갈비 어때요? 갈비가 맛있겠어요.

가: 네 좋아요. 갈비를 **먹고** 카페에 가서 커피를 마셔요.

1) 어디에 갈까요?	피씨(PC)방, 영화관, 쇼핑몰, 카페, 놀이공원...
2) 뭘 살까요?	운동화, 가방, 지갑, 바지, 모자...
3) 뭘 할까요?	컴퓨터 게임, 운동, 쇼핑, 영화, 청소, 공부...
4) 뭘 마실까요?	커피, 물, 우유, 차, 쥬스...
5) 뭘 입을까요?	치마, 바지, 원피스, 양복, 운동복...

활동2 읽고 쓰기

1. 다음을 읽고 대답해 보세요.

우리 엄마는 아침부터 밤까지 아주 바빠요. 아침에 아빠가 회사에 출근하시고 제가 학교에 가면 엄마는 집안일을 하세요. 먼저, 설거지를 하시고 그 다음에 청소나 빨래를 하세요. 집안일이 끝나면 커피를 마시면서 유튜브를 보세요. 오후에는 시장에 가서 고기와 야채 등 저녁을 위해 요리 재료를 사세요. 우리 엄마의 요리 솜씨는 아주 좋아요. 오늘 저녁메뉴는 돼지고기가 들어있는 김치찌개예요. 김치찌개는 조금 맵지만 아주 맛있어요. 밥을 먹고 다함께 텔레비전을 봐요.

1) 엄마는 아침에 설거지를 하시고 그 다음에 무엇을 하실까요?

____.

2) 엄마는 집안일이 끝나고 무엇을 하실까요?

____.

3) 오늘 우리 집 저녁메뉴는 무엇일까요?

____.

4) 김치찌개의 맛은 어때요?

____.

2. 그림을 보고 순서에 맞게 써 보세요.

안나는 아침을 먹고 학교에 가요. ______________________________

____.

한국의 음식 문화

다음은 추석이나 설날 등 명절에 먹는 음식들입니다.

떡국 탕국 나물

전(부침개) 튀김 송편(떡)

다음은 먹고 싶은 음식이 있을 때 식당에 가지 않고 집에서 음식을 주문하는 방법입니다.

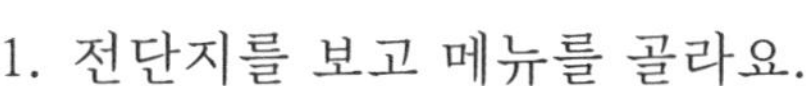

1. 전단지를 보고 메뉴를 골라요.

2. 전화로 음식을 주문해요.

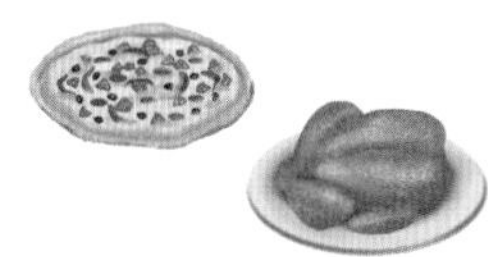

3. 음식을 배달해요.

4. 먹은 후에 비닐봉지에 싸서
   집 앞에 내 놓아요.

12과

이번 휴가에 뭐 할 거예요?

주제 계획
어휘 하다 동사
문법 동사+(을)ㄹ 거예요
동/형+아/어/해

복습 문법 패턴 연습
문장 만들기
활동 계획 말하기
미래 말하기
반말하기
문화 한국의 명소

마 리: 여보, 우리 이번 휴가에 뭐 할 거예요?
성 호: 글쎄요, 우리 가족 다 같이 여행을 갈까요?
마 리: 좋은 생각이에요.
성 호: 그럼 어디로 가면 좋을까요?
마 리: 날씨도 덥고 안나가 수영을 좋아하니까 바다로 가면 어때요?
성 호: 그래요. 안나도 좋아할 거예요.

발음

할 거예요[할꺼예요] 좋은[조은] 덥고[덥꼬]
다 같이[다가치] 좋을까요[조을까요]

하다 동사

어휘

운전하다 구경하다 여행하다 쇼핑하다

노래하다 샤워하다 공부하다 숙제하다

전화하다 말하다 이야기하다 일하다

좋아하다 싫어하다 연애하다 결혼하다

사랑하다 연결하다 인사하다 운동하다

*그 외, 준비하다/ 시작하다/ 따라하다/ 설명하다/ 추측하다/ 확인하다/ 찬성하다/ 반대하다 결정하다/ 고백하다/ 악수하다/ 뽀뽀하다/ 가입하다/ 행동하다/ 실천하다/ 톡하다(신조어)...

문법 1 동사 + (을)ㄹ 거예요 : 말하는 사람의 계획이나 할 일을 말할 때 사용해요.

받침 ○ ➔ 을 거예요		받침 ×, ㄹ받침 ➔ ㄹ 거예요	
먹다	먹을 거예요	가다	갈 거예요
읽다	읽을 거예요	오다	올 거예요
벗다	벗을 거예요	하다	할 거예요
씻다	씻을 거예요	열다*	열 거예요

- 주말에 뭘 할 거예요?
- 오늘은 피곤해서 일찍 쉴 거예요.
- 오전 10시부터 12시까지 한국어 공부를 할 거예요.
- 방학 때 언니하고 시골 할머니 댁에 갈 거예요.

연습 1. 〈보기〉와 같이 쓰세요.

〈보기〉 점심 때 샌드위치를 **먹을 거예요.**

(점심, 샌드위치)

1) 

______________________.(주말, 대청소)

2) 

______________________.(여자 친구, 영화를 보다)

3) 

______________________.(휴가 때, 한국에 가다)

■ **꼭 알아두기** 동사/형용사 + (을)ㄹ 거예요 : 추측의 의미를 나타내요.

받침 ○ ➔ 을 거예요		받침 ×, ㄹ받침 ➔ ㄹ 거예요		-았/었/했을 거예요	
작다	작을 거예요	오다	올 거예요	출발하다	출발했을 거예요
웃다	웃을 거예요	밀리다	밀릴 거예요	도착하다	도착했을 거예요
찾다	찾을 거예요	멀다*	멀 거예요	힘들다	힘들었을 거예요
깎다	깎을 거예요	쉽다*	쉬울 거예요	바쁘다	바빴을 거예요

- 아마 회의가 끝났을 거예요.
- 고기가 거의 다 익었을 거예요.
- 곧 수업이 시작될 거예요.
- 내일 비가 안 올 거예요.

연습 1. 〈보기〉와 같이 쓰세요.

〈보기〉 출퇴근시간에는 차가 **밀릴 거예요.** (밀리다)

1) 제 친구는 떡볶이를 좋아해요. 맵지만 잘 ____________. (먹다)

2) 두 사람이 지금쯤 ____________. (만나다)

3) 가: 늦지 않았을까요? 나: 아니에요, 제 시간에 ____________. (도착하다)

4) 가: 병원에 갈 거예요? 나: 아니요, 안 갈 거예요. ____________. (괜찮다)

5) 가: 월요일부터 도로 공사를 해요. 나: 아마 ____________. (시끄럽다)

6) 가: 아기가 많이 울어요? 나: 아마 배가 ____________. (고프다)

7) 가: 밖에 눈이 와요. 나: 많이 ____________. (춥다)

8) 여보, 안나 용돈 좀 주세요. 아마 용돈이 ____________. (떨어지다)

9) 친구 생일을 잊어버렸어요. 친구 기분이 ____________. (안 좋다)

10) 지난주에 계속 일이 많았어요. ____________. (힘들다)

문법 2 동사/형용사 + 아/어/해 : 생각, 사실, 물음, 명령, 부탁의 반말을 할 때 사용해요.

ㅏ, ㅗ → -아		ㅏ, ㅗ 외 → -어		-하다 → -해	
가다 좋다 바쁘다*	가 좋아 바빠	먹다 웃다 슬프다*	먹어 웃어 슬퍼	말하다 일하다 미안하다	말해 일해 미안해
명사 받침○ → 이야		명사 받침× → 야		-았/었/했어, 이었어	
동생 물 돈	동생이야 물이야 돈이야	오빠 나 친구	오빠야 나야 친구야	가다-갔어 오다-왔어 하다-했어	먹다-먹었어 물이다-물이었어

- 나 오늘 바빠.
- 오후에 일이 있어.
- 부모님은 지금 안 계셔.
- 다희는 먼저 집에 갔어.
- 우리 오빠는 대학생이야.
- 나중에 전화해.
- 연예인 누구 좋아해?
- 잘 했어 그리고 수고했어.

연습 1. 〈보기〉와 같이 문장을 완성하세요.

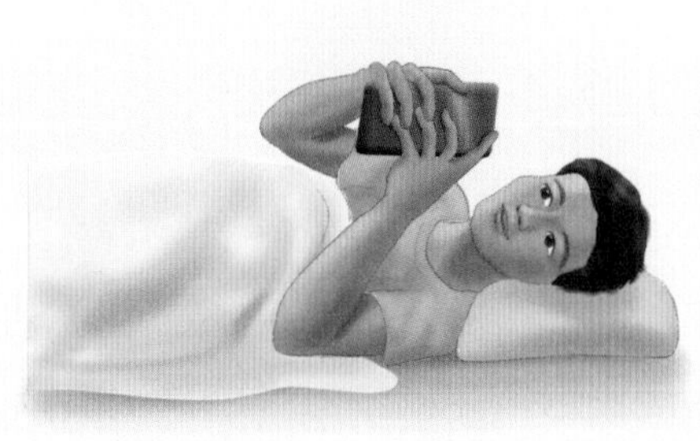

〈보기〉 가: 지금 **자**? (자다)
나: 아니, 아직 안 **자**.
가: 그럼 뭐 **해**?
나: 핸드폰 게임하고 **있어**.

1) 가: 어제 뭐 ____________? (하다) 나: 친구랑 ____________. (놀다)

2) 가: 늦었어. 빨리 __________. (오다) 나: 조금만 ____________. (기다리다)

3) 가: 지금 ____________? (어디) 나: ____________. (집)

4) 가: 영화 ____________? (재미있다) 나: 아니, ____________. (재미없다)

5) 가: 아까 그 사람은 __________? (누구) 나: 우리 형 ____________. (여자 친구)

6) 가: 한국에 있을 때 직업이 __________? (무엇) 나: ____________. (의사)

■ **꼭 알아두기** 'ㄹ'불규칙: 'ㄹ'로 끝나는 동사, 형용사 뒤에 'ㄴ/ㅂ/ㅅ'가 오면 'ㄹ'이 탈락해요.
빈 칸을 채워 보세요.

ㄹ불규칙 용언	-아요/어요	-는데/ㄴ데/은데	-습니다/ㅂ니다	-으세요/세요
알다	알아요	아는데*	압니다*	아세요*
살다				
팔다				
놀다				
밀다				
열다	열어요	여는데	엽니다	여세요
길다				
멀다				

연습) 살다

민수는 학교 근처 아파트에서 ______________. (아요/어요)

시골에서 ______________ 공기가 맑고 아주 좋아요. (는데/ㄴ데)

우리 큰 형은 도시에서 따로 ______________. (습니다/ㅂ니다)

우리 부모님은 항상 행복하게 ______________. (으세요/세요)

■ **꼭 알아두기** '르'불규칙: 어간이 '르'로 끝나는 동사, 형용사 뒤에 모음이 오면 'ㅡ'가 탈락하고
'르'앞에 'ㄹ'받침이 생겨요. 빈 칸을 채워 보세요.

르불규칙 용언	-으니까/니까	-아서/어서	-아요/어요	-았어요/었어요
고르다	고르니까	골라서	골라요	골랐어요
기르다				
다르다				
모르다				
흐르다	흐르니까	흘러서	흘러요	흘렀어요
부르다				
자르다				
빠르다				

연습) 부르다

배가 ______________ 잠이 와요. (으니까/니까)

배가 ______________ 더 못 먹겠어요. (아서/어서)

너무 많이 먹어서 배 ______________. (아요/어요)

친구들과 노래방에 가서 노래를 불렀어요. (았어요/었어요)

복 습

1. **'동사+(을)ㄹ 거예요'** 아래의 표를 완성하세요.

기본형	동사+(을)ㄹ 거예요 (계획)	기본형	동/형+(을)ㄹ 거예요 (추측)
되다	될 거예요	크다	
만나다		비싸다	
(꿈을)이루다		간단하다	
진학하다		피곤하다	
취업하다		(관심이) 있다	
결혼하다		무료(이다)	
성공하다		가수(이다)	

2. **'동/형+(을)ㄹ 거예요'** 계획, 추측을 나타내는 문장을 만들고 발표해 보세요.

예) 아마 지금쯤 수업이 끝났을 거예요.

1) ______________________________. (계획)

2) ______________________________. (추측)

3. **'동/형+아/어/해'** 반말을 사용하여 아래 빈칸에 알맞은 말을 쓰세요.

1) 그 식당에는 맛있는 음식이 __________. (많다)

2) 지금 너무 __________. (바쁘다) 나중에 다시 __________. (연락하다)

3) 내 꿈은 __________. (사업가)

4) 다희야, 어제 오후에 뭐 __________? (하다)

5) 나는 주말마다 한국어를 __________. (배우다)

6) 열심히 __________. (공부하다) 언젠가 __________. (성공하다)

7) 아까 어디 __________? (과거) 지금 어디 __________? (현재)

이따 어디 __________? (계획) (가다)

■ **꼭 외우기** 이번 휴가에 뭐 할 거예요? 지금 뭐 해? 어디 가?

활동1 듣고 말하기

1. 다음을 잘 듣고 질문에 답하세요.

1) 라울은 월요일에 뭐 할 거예요?

____.

2) 라울은 화요일과 수요일에 무엇을 할 거예요?

____.

3) 라울과 친구는 주말에 뭐 할 거예요?

____.

2. 달력을 보고 〈보기〉와 같이 친구와 계획을 이야기해 보세요.

5월

일	월	화	수	목	금	토
2	3	4	5 어린이날 놀이동산	6	7	8 어버이날 가족외식
9 친구와 약속	10	11 한국어 공부	12	13	14 동대문 시장	15 스승의날 선물드리기

〈보기〉 가: 5월 5일은 무슨 날(요일)이야?
나: 어린이날이야.(수요일이야)
가: 어린이날에 뭐 할 거야?
나: 조카들과 놀이동산에 놀러 갈 거야.

활동2 읽고 쓰기

1. 다음을 잘 읽고 읽은 내용과 같으면 ○, 다르면 × 하세요.

> 오늘은 토요일이에요. 주말이지만 할 일이 아주 많아요. 먼저 아침을 먹고 구석구석 대청소를 할 거예요. 오후에는 취업 면접이 있어요. 그래서 점심을 먹은 다음 샤워를 하고 깨끗한 옷을 입을 거예요. 면접시간은 오후 2시예요. 하지만 늦으면 안 되니까 30분 전에 도착할 거예요. 면접 준비를 열심히 했지만 조금 긴장돼요.

1) 오늘은 주말이니까 푹 쉴 거예요. (　　)

2) 오전에는 대청소를 할 거예요. (　　)

3) 오후에는 면접이 있어서 깨끗한 옷을 입을 거예요. (　　)

4) 면접 시간에 맞추어서 회사에 도착할 거예요. (　　)

2. 이번 주 여러분의 계획은 뭐예요? 〈보기〉를 완성하고 여러분의 주간 계획도 써 보세요.

일	월	화	수	목	금	토
교회가기	자전거 타기	컴퓨터 배우기	한국요리 배우기	쇼핑하기	생일파티 가기	한국어 수업가기

	<보기> 주간계획
월요일	공원에서 자전거를 탈 거예요.
화요일	
수요일	
목요일	엄마와 함께 쇼핑할 거예요.
금요일	
토요일	
일요일	

	나의 주간계획
월요일	
화요일	
수요일	
목요일	
금요일	
토요일	
일요일	

한국의 명소

남산타워

경복궁

설악산 국립공원

남이섬

경주 불국사

부산 해운대

전주 한옥마을

제주도 성산일출봉

13과

우리 뭐 먹을까요?

주제 식당
어휘 요리 방법 관련
문법 동사+아/어/해 주세요
동사+(을)ㄹ게요

복습 문법 패턴 연습
문장 만들기
활동 부탁하기
음식 주문하기
문화 한국의 식사예절

마 리 : 여보, 우리 맛있는 거 먹어요.
성 호 : 그래요. 뭐 먹을까요?
마 리 : 쌀국수 어때요?
성 호 : 좋아요. 쌀국수를 먹어요.
마 리 : 여기요, 쌀국수 두 그릇 주세요.
성 호 : 아, 하나는 고수를 빼 주세요.

발음

외식해요[외시캐요]　　좋아요[조아요]
먹을까요[머글까요]　　그릇[그름]

요리 방법, 패스트푸드와 기타 음식

어휘

요리 방법 관련

굽다 - 구워요 | 삶다 - 삶아요 | 찌다 - 쪄요 | 데치다 - 데쳐요

볶다 - 볶아요 | 튀기다 - 튀겨요 | 부치다 - 부쳐요 | 무치다 - 무쳐요

끓이다 - 끓여요 | 데우다 - 데워요 | 비비다 - 비벼요 | 싸다 - 싸요

패스트푸드와 기타 음식

햄버거 | 피자 | 프라이드치킨 | 컵라면

핫도그 | 도넛 | 팝콘 | 만두

오뎅(어묵) | 튀김 | 떡 | 치맥(치킨과 맥주)

한국의 김치와 양념

어휘

한국의 김치

한국의 김치는 총 330 여종이 있어요. 아래 그림은 그 중에서도 많이 먹는 김치들이에요.

배추김치 백김치 물김치 오이김치

깍두기 총각김치 열무김치 파김치

한국의 양념

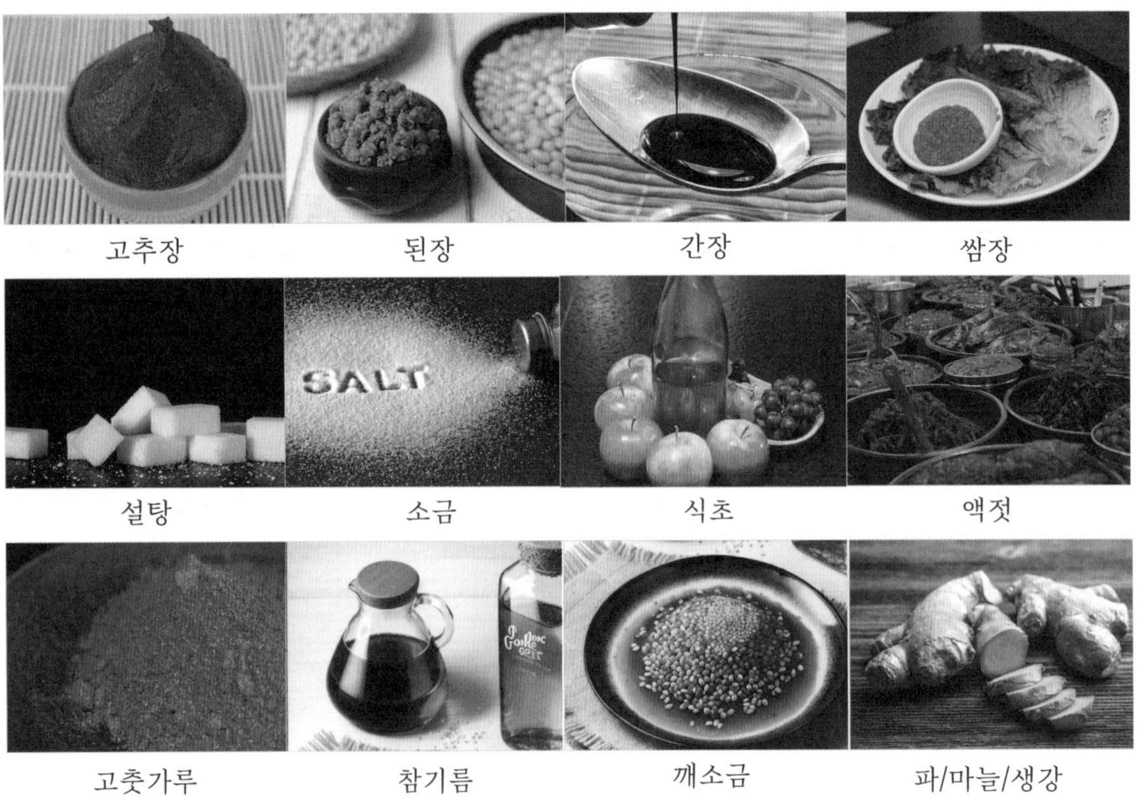

고추장 된장 간장 쌈장

설탕 소금 식초 액젓

고춧가루 참기름 깨소금 파/마늘/생강

문법 1 동사 + 아/어/해 주다 : **다른 사람을 위해** 베풀거나 부탁할 때 **사용해요.**

ㅏ, ㅗ + 아 주다	ㅏ, ㅗ 외 + 어 주다	하다 → 해 주다
사다 - 사 주세요 오다 - 와 주세요 돕다*- 도와 주세요* 찾다 - 찾아 드리세요*	기다리다 - 기다려 주세요 가르치다 - 가르쳐 주세요 바꾸다 - 바꿔 주세요 찍다 - 찍어 주세요	말하다 - 말해 주세요 전화하다 - 전화해 주세요 결혼하다 - 결혼해 주세요 전하다 - 전해 주세요

- 잘 안 들려요. 좀 크게 말해 주세요.
- 배고파요. 밥을 많이 주세요.
- 힘들어요. 좀 도와주세요.
- 엄마가 아이를 칭찬해 주었어요.

연습 1. 〈보기〉와 같이 대화를 완성하세요.

〈보기〉 가: 아기가 자요. 좀 **조용히 해 주세요.**
나: 네, 알았어요.

1)
가: 하안, 음악이 너무 커요.
______________________.(소리, 줄이다)
나: 네, 알았어요.

2)
가: 지갑을 깜빡했어요.
______________________.(돈, 빌리다)
나: 네, 그래요.

3)
가: 지금 통화할 수 있어요?
나: 아니요. 지금 바빠요.
나중에 다시 ______________.(전화하다)

4)
가: 몇 시까지 갈까요?
나: ______________________.(오전 9시, 오다)
가: 네, 알겠습니다.

문법 2 동사 + (을)ㄹ게요 : 행동의 의지를 나타내거나 상대방에게 약속할 때 사용해요.

받침 ○, 있다 → 을게요		받침 ×, ㄹ받침 → ㄹ게요	
먹다	먹을게요	가다	갈게요
씻다	씻을게요	약속하다	약속할게요
입다	입을게요	조심하다	조심할게요
있다*	있을게요	만들다*	만들게요

- 여기 기다리고 있을게요.
- 제가 다 먹을게요.
- 당신을 영원히 사랑할게요.
- 내가 전화할게.
- 먼저 갈게요. 내일 봐요.
- 약속을 꼭 지킬게요.
- 다음 주 월요일에 다시 올게요.
- 오늘 밥은 내가 살게.

연습 1. 〈보기〉와 같이 쓰세요.

〈보기〉 가: 뭘 먹을 거예요?
나: 저는 라면을 **먹을게요.**

1)

선생님, 한국어를 ____________________.
(열심히 공부하다)

2)

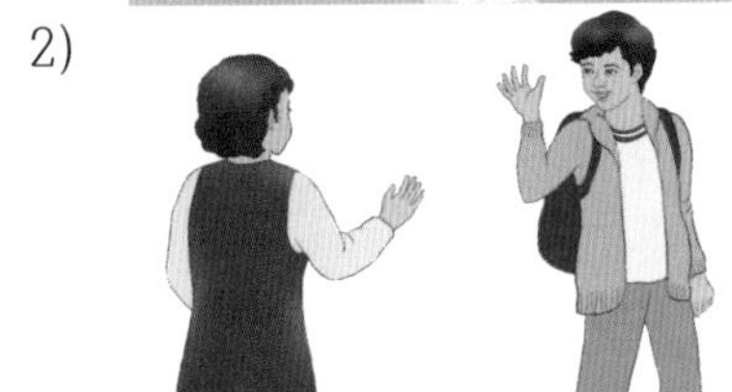

엄마, ____________________.
(학교에 다녀오다)

3)

내일부터 ____________________.
(다이어트를 하다)

4)

올해는 ____________________.
(술과 담배를 끊다)

복 습

1. **'동사+아/어/해 주다'** 아래의 표를 완성하세요.

기본형	동사+아/어/해 주다	기본형	동사+아/어/해 주다
가다	가 주다/ 가 줘요/ 가 주세요	보다	
사다		치우다	
읽다		나가다	
놓다		들어오다	
믿다		말하다	
만나다		배달하다	
지키다		출발하다	

2. **'동사+아/어/해 주다'** 다른 사람을 위해 베풀거나 부탁하는 문장을 써 보세요.

예) 친구의 생일을 축하해 주었어요.

연습) ______________________________.

3. **'동사+(을)ㄹ게요'** 아래의 표를 완성하세요.

기본형	동사+(을)ㄹ게요	기본형	동사+(을)ㄹ게요
뜯다	뜯을 게요	(물을)붓다*	
깎다		닫다	
밀다*		보내다	
걷다*		그리다	
타다		전달하다	
내리다		공부하다	
떠나다		예약하다	

4. **'동사+(을)ㄹ게요'** 행동의 의지를 나타내거나 약속하는 문장을 만들어 보세요.

예) 오늘부터 담배를 끊을게요.

연습) ______________________________.

■ **꼭 외우기** 우리 뭐 먹을까요? 잠깐만 기다려 주세요. 당신을 영원히 사랑할게요.

활동1 듣고 말하기

1. 다음을 잘 듣고 들은 내용과 같으면 ○, 다르면 × 하세요.

1) 이 식당은 비빔밥 맛집이에요. (　　　)

2) 폰나린은 비빔밥을 두 그릇 주문했어요. (　　　)

2. 친구하고 식당에 갔어요. 〈보기〉와 같이 대화하고 음식을 주문해 보세요.

〈보기〉
마　리: 뭐 먹을까요?
폰나린: 글쎄요, 마리 씨는 뭐 먹고 싶어요?
마　리: 저는 김치찌개가 먹고 싶어요.
폰나린: 김치찌개는 안 매워요?
마　리: 이 식당의 김치찌개는 맵지 않고 맛있어요.
폰나린: 그럼, 김치찌개로 해요.
마　리: 여기요, 김치찌개 2인분 주세요.

메뉴판			
비빔밥 8,000원	김치찌개 7,000원	삼계탕 13,000원	갈비탕 12,000원
불고기 10,000원	삼겹살 8,500원	해물파전 9,000원	냉면 7,000원

활동2 읽고 쓰기

1. 다음을 읽고 질문에 답하세요.

> 한국의 대표적인 반찬은 김치예요.
> 김치는 긴 겨울동안 채소를 먹기 위해 만들어졌어요.
> 한국 사람들은 매일 김치를 먹어요.
> 김치는 종류가 아주 다양해요. 재료에 따라 이름이 달라요.
> 배추김치, 총각김치, 깍두기, 파김치, 물김치, 백김치 등이 있어요.
> 이 중에서 가장 많이 먹는 김치는 배추김치예요.
> 김치는 채소를 소금에 절여요.
> 그리고 고춧가루, 마늘, 양파, 파, 젓갈 등을 넣어 양념해요.
> 김치는 조금 맵지만 아주 맛있어요.

1) 한국 사람들이 제일 많이 먹는 김치는 뭐예요? ______________________.

2) 김치는 왜 만들어졌어요? ______________________________.

3) 김치의 종류를 써 보세요. ______________________________.

4) 김치를 만드는 방법을 써 보세요. ______________________

____

____.

2. 여러분 나라에서 제일 유명한 음식은 뭐예요? 그 음식을 어떻게 만들어요?

우리나라 사람들이 가장 많이 먹는 음식은 ________________ (이에요)예요.

____

____

____

____

____.

한국의 식사예절

한국의 일상식은 밥, 국, 김치가 기본 구성이에요. 여기에 채소, 생선, 고기 등을 반찬으로 먹어요. 한국의 식사예절을 배워요.

연장자와 식사할 때는 연장자가 먼저 수저를 든 다음에 나도 수저를 들어요.	밥그릇, 국그릇을 손으로 들고 먹지 않아요.

재채기나 기침이 나올 때는 고개를 돌려서 하고, 식탁 앞에서 코를 풀지 않아요.	입 안의 음식을 보이거나 음식 먹는 소리를 내지 않아요.

젓가락과 숟가락은 한 손에 같이 들고 식사하지 않아요.	밥과 국, 찌개는 숟가락으로 먹고, 반찬은 젓가락으로 먹어요.

14과

날씨가 많이 추워졌어요

주제 날씨와 계절
어휘 날씨, 계절 관련
문법 동/형+(으)니까
동/형+아/어/해 지다
명사+보다 더
복습 문법 패턴 연습
문장 만들기
활동 계절과 날씨 말하기
계절 활동 말하기
이유 말하기
문화 한국의 사계절 활동

하 안: 요즘 날씨가 많이 추워졌어요.
다 희: 겨울이니까 추워요.
하 안: 눈도 오고 바람도 불어요.
다 희: 하안 씨 고향은 어때요?
하 안: 베트남은 겨울이 없어요.
12월과 1월에는 좀 춥지만 한국보다 훨씬 따뜻해요.
다 희: 그럼 한국에서 눈을 처음 봤어요?
하 안: 네, 그래서 아주 신기해요.

발음

겨울이니까[겨우리니까] 없어요[업써요] 따뜻해요[따뜨태요]
불어요[부러요] 12월과[시비월과] 한국에서[한구게서]
베트남은[베트나믄] 1월에는[이뤄레는]

날씨, 계절 관련

어휘

봄(3, 4, 5월) 따뜻해요 꽃이 피어요 꽃샘추위가 있어요

여름(6, 7, 8월) 아주 더워요 비가 많이 와요 장마가 와요

가을(9, 10, 11월) 쌀쌀해요 단풍이 들어요 낙엽이 떨어져요

겨울(12, 1, 2월) 건조하고 추워요 바람이 많이 불어요 얼음이 얼고 눈이 와요

tip

한국은 봄, 여름, 가을, 겨울 사계절이 있어요.

하지만 요즘은 지구온난화로 봄, 가을이 짧아지고 여름이 길어지고 있어요. 날씨를 나타내는 단어 중, 폭우, 폭설, 폭염, 폭한, 폭풍 등이 있는데 비, 눈. 더위, 추위, 바람이 몹시 심한 것을 나타내요. 그 밖에 요즘에는 환경문제와 관련해서 '황사, 미세먼지가 심하다' 등의 표현도 있어요. 날씨 관련 단어는 p. 74를 보세요.

문법 1 동사/형용사 + (으)니(까) : 뒤의 내용의 이유나 근거를 말할 때 사용해요.

받침 ○, 겠, 았/었/했 + 으니까	받침 ×, ㄹ받침, 이다/아니다 + 니까
있다 - 있으니까 많다 - 많으니까 왔다 - 왔으니까 했다 - 했으니까 알겠다 - 알겠으니까	일하다 - 일하니까 멀다 - 머니까* 엄마 - 엄마니까* 아니다 - 아니니까 학생이다 - 학생이니까

- 지금은 바쁘니까 나중에 다시 전화해 주세요.
- 오늘은 너무 피곤하니까 일찍 잘게요.
- 시간이 없으니까 택시를 타고 가요.
- 학생이니까 열심히 공부해야 해요.
- 열심히 노력했으니까 시험에 합격할 거예요.

연습 1. 〈보기〉와 같이 대화를 완성하세요.

〈보기〉 가: 공부를 **하니까** 졸려요. (공부를 하다)
나: 스트레칭을 해 보세요.

1) 가: 지금 몇 시예요? 나: ______________ 서두르세요. (늦었다)

2) 가: 밖에 날씨가 어때요? 나: ______________ 우산을 준비하세요. (비가 오다)

3) 가: 주말에 바다에 갈까요? 나: ______________ 다음에 가요. (다른 약속이 있다)

4) 가: 제주도는 어땠어요? 나: ______________ 정말 아름다웠어요. (가 보다)

5) 가: 감기는 어때요? 나: ______________ 많이 좋아졌어요. (약을 먹다)

6) 가: 왜 이렇게 서둘러요? 나: ____________________. (시간이 없다)

7) 가: 어디에서 만날까요? 나: ______________ 시원한 카페에서 만나요. (덥다)

8) 가: 잘 안 보여요? 나: ______________ 이제 잘 보여요. (안경을 쓰다)

문법 2

동사/형용사 + 아/어/해지다 : 행동, 상태의 변화를 나타낼 때 사용해요.

ㅏ, ㅗ + 아지다	ㅏ, ㅗ 외 + 어지다	하다 → 해지다
좋다 - 좋아지다	깨다 - 깨어지다	친하다 - 친해지다
많다 - 많아지다	느끼다 - 느껴지다	피곤하다 - 피곤해지다
짧다 - 짧아지다	더럽다* - 더러워지다	깨끗하다 - 깨끗해지다
밝다 - 밝아지다	어둡다* - 어두워지다	건강하다 - 건강해지다

- 컵이 깨졌어요.
- 아침마다 운동을 하면 건강해져요.
- 흙을 만져서 손이 더러워졌어요.
- 불이 꺼져서 교실이 어두워졌어요.
- 열심히 공부하면 한국어 실력이 좋아져요.

연습 1. 〈보기〉와 같이 쓰세요.

〈보기〉 우리 반 친구들과 처음보다 많이 **친해졌어요**. (친하다)

1) 처음에는 김치가 매웠지만 이제는 ______________________. (맛있다)

2) 여름이 되니까 날씨가 점점 ______________ 밤이 ______________. (덥다, 짧다)

3) 봄이 와서 날씨가 많이 ______________________. (따뜻하다)

4) 머리가 아파서 약을 먹고 쉬었어요. 그래서 이제는 ______________________. (괜찮다)

5) 우리 아이가 요즘에는 말도 잘 듣고 전보다 ______________________. (착하다)

6) 병원에 입원한 동안에 살이 많이 빠져서 ______________________. (날씬하다)

7) 국이 싱거워서 소금을 많이 넣었더니 ______________________. (짜다)

8) 비가 오고 날씨가 많이 ______________________. (추워지다)

문법 3

명사 + 보다 (더/덜) : 명사와 비교할 때 사용해요.

- 제주도가 서울보다 훨씬 더 따뜻해요.
- 작년보다 올해가 덜 추워요.
- 형보다 동생이 더 키가 커요.
- 베트남 사람들이 한국 사람들보다 더 오토바이를 많이 타요.
- 저는 산보다 바다를 더 좋아해요.

연습 1. 〈보기〉와 같이 쓰세요.

〈보기〉 저는 시골이 **도시보다 더** 좋아요. (시골 < 도시)

1) 저는 ______________________________ 좋아요. (노는 것 < 공부하는 것)

2) 저는 ______________________________ 좋아해요. (생선 < 육류)

3) 저는 ______________________________ 좋아해요. (밥 < 빵)

4) 저는 매운 음식을 ____________________ 잘 먹어요. (친구)

5) 엄마는 ______________________ 요리를 맛있게 잘 해요. (아빠)

6) 친구는 __________________ 한국말을 잘 해요. (저)

7) 한국어는 __________________ 쉬워요. (영어)

8) 저는 쇼핑할 때 신용카드를 _________________ 많이 사용해요. (현금)

9) 두꺼운 옷을 입으니까 ___________________ 추워요. (아까)

■ **꼭 알아두기** 입천장소리되기(구개음화)

'ㄷ, ㅌ'가 'ㅣ, ㅑ, ㅕ, ㅛ, ㅠ'를 만나면 [ㅈ, ㅊ] 로, 'ㄷ'뒤에 'ㅎ'이 오면 'ㅊ'로 발음된다.

예) 같이[가치] 굳이[구지] 해돋이[해도지] 닫히다[다치다] 갇히다[가치다]

연습) 묻히다[ ] 끝이다[ ] 맞이[ ] 밭이[ ]

복 습

1. **'동/형+(으)니까'** 아래의 표를 완성하세요.

기본형	동/형+(으)니까	기본형	동/형+(으)니까
좋다	좋으니까	맵다*	
아프다		쉽다*	
편하다		닦다	
나누다		웃다	
다르다		특별하다	

2. **'동/형+(으)니까'** 뒤의 내용의 이유, 근거를 말하는 문장을 쓰고 발표해 보세요.

예) 약속을 했으니까 꼭 지켜야 해요.

연습)____

3. **'동/형+아/어/해지다'** 아래 표를 완성하세요.

기본형	동/형+아/어/해지다	기본형	동/형+아/어/해지다
넓다	넓어지다(넓어져요)	같다	
없다		느끼다	
작다		예쁘다*	
길다		행복하다	
잊다		익숙하다	

4. **'동/형+아/어/해지다'** 행동, 상태의 변화를 나타내는 문장을 써 보세요.

예) 요즘 날씨가 많이 더워졌어요.

연습)____

5. **'명사+보다 (더/덜)'** 명사를 비교하는 문장을 쓰고 발표해 보세요.

예) 내가 너보다 머리가 길다.

연습) ____

■ **꼭 외우기** 날씨가 많이 추워졌어요. 학생이니까 열심히 공부해야 해요.
운동을 하면 건강해져요. 저는 고기보다 야채를 좋아해요.

활동1 듣고 말하기

1. 다음을 잘 듣고 질문에 알맞은 답을 하세요.

1) 요즘 한국의 날씨가 어때요?

______________________________.

2) 왜 날씨가 더워졌어요?

______________________________.

3) 러시아의 계절에 대해 말해 보세요.

______________________________.

4) 러시아의 여름 날씨는 어때요?

______________________________.

2. 〈보기〉와 같이 친구와 함께 세계의 날씨를 말해 보세요.

〈보기〉 가: 오늘 서울의 날씨는 어때요?
나: 오전에는 눈이 오고 오후에는 바람이 불어요.

1) 마닐라(필리핀)

2) 방콕(태국)

3) 모스크바(러시아)

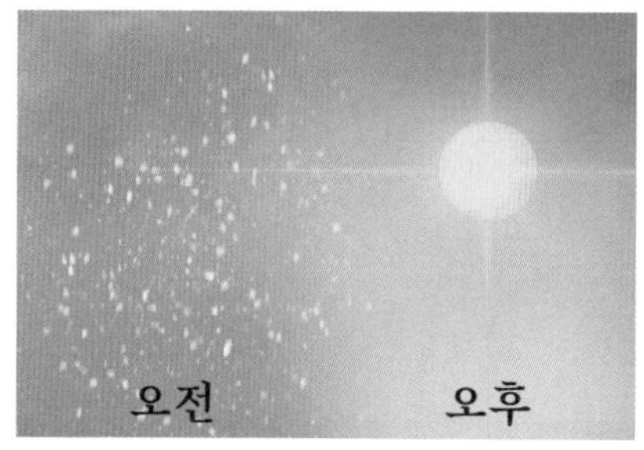

4) 하노이(베트남)

활동2 읽고 쓰기

1. 다음을 읽고 질문에 답하세요.

한국에는 봄, 여름, 가을, 겨울 사계절이 있어요.
봄에는 꽃이 피고 따뜻해요. 3월부터 5월까지 봄이에요.
사람들은 봄에 꽃구경을 해요.
여름에는 비가 많이 오고 아주 더워요. 6월부터 8월까지 여름이에요.
사람들은 여름에 바다에 가거나 계곡에 가요.
가을에는 나뭇잎이 예쁜 색깔로 물들고 시원해요. 9월부터 11월까지 가을이에요.
사람들은 산에 가서 단풍구경을 해요.
겨울에는 눈이 오고 아주 추워요. 12월부터 1월까지 겨울이에요.
사람들은 겨울에 얼음낚시를 하거나 눈썰매를 타요.

1) 한국에는 어떤 계절이 있어요?

____.

2) 봄, 여름, 가을, 겨울의 계절의 특징과 하는 일은 뭐예요? 표를 완성해 보세요.

계절	봄	여름	가을	겨울
기간	3, 4, 5월			
특징				
하는 일				

2. 여러분 고향의 계절과 날씨는 어때요? 사람들은 무엇을 해요? 소개해 보세요.

우리나라에는 ____

____

____

____

한국의 사계절 활동

100년 후 한국의 겨울이 사라진다!

지구의 온도가 조금씩 올라가면서 한국의 기후도 달라지고 있어요. 지구온난화가 계속 되면 한국은 봄, 여름, 가을, 겨울 사계절이 아닌 여름과 겨울 두 계절로 바뀔 거예요. 그리고 여름이 겨울보다 훨씬 더 길어져서 지금과는 다른 환경이 될 거예요. 지구온난화는 한국의 문제가 아니라 전 세계의 문제예요. 지구의 온도를 내리려면 무엇보다 에너지 절약을 실천해야 해요. 우리 모두 지구의 환경을 지키도록 노력해요!

15과

빨간색 신발을 사고 싶어요

주제	쇼핑	**복습**	문법 패턴 연습 문장 만들기
어휘	옷, 신발, 액세서리 관련	**활동**	사고 싶은 물건 사기 희망 말하기
문법	동사+고 싶다 명사+(이)나+명사 형용사+(은)ㄴ+명사	**문화**	5월은 가정의 달

점 원: 어서 오세요. 무엇을 찾으세요?
마 리: 운동화를 사고 싶어요. 아침에 운동할 때 신을 거예요.
점 원: 이 파란 운동화는 어때요?
마 리: 빨간색이나 하얀색으로 보여 주세요.
점 원: 네, 여기 있어요. 한번 신어 보세요.
마 리: 신발이 조금 작아요. 더 큰 사이즈 있어요?
점 원: 네, 잠시만요... 이걸로 신어 보세요.

발음

무엇을[무어쓸]
찾으세요[차즈세요]
신을 거예요[시늘꺼예요]
하얀색으로[하얀새그로]

옷, 신발, 액세서리 관련

어휘

티셔츠	셔츠(남방)	을(를)	입다(입어요)
바지(청바지)	반바지		
치마	블라우스		
스웨터	점퍼		
원피스	양복(정장)		
외투	교복		
나시	잠옷		
겉옷	속옷		

운동화	구두	을(를)	신다(신어요)
슬리퍼	샌들		
장화	부츠		
등산화	작업화		
실내화	단화		
조리	양말		

모자	안경	을(를)	쓰다(써요)
헬멧	돋보기안경		
안전모	선글라스		

안경	장갑	을(를)	끼다(껴요)
선글라스	반지		

귀걸이	목걸이	을(를)	하다(해요)
스카프	목도리		
브로치	팔찌		
머리핀	머리띠		

넥타이	리본	을(를)	매다(매요)
벨트(허리띠)	가방		
백팩(배낭)	핸드백		
신발 끈	스카프		

쇼핑 관련

어휘

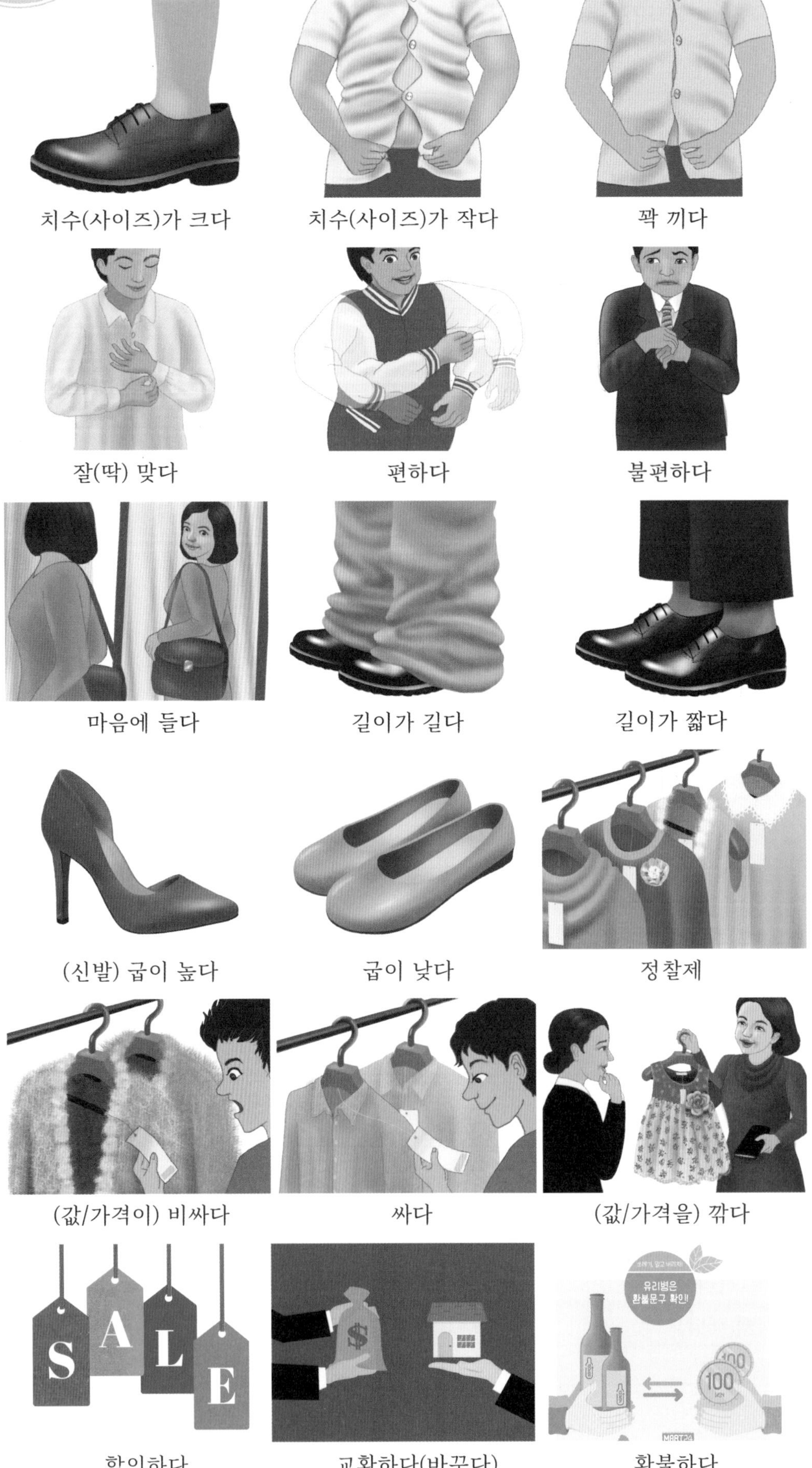

치수(사이즈)가 크다 / 치수(사이즈)가 작다 / 꽉 끼다

잘(딱) 맞다 / 편하다 / 불편하다

마음에 들다 / 길이가 길다 / 길이가 짧다

(신발) 굽이 높다 / 굽이 낮다 / 정찰제

(값/가격이) 비싸다 / 싸다 / (값/가격을) 깎다

할인하다 / 교환하다(바꾸다) / 환불하다

문법 1 동사 + 고 싶다 : 원하거나 바라는 것을 말할 때 사용해요.

- 저는 한국에 한 번 가 보고 싶어요.
- 저는 한국어를 잘 하고 싶어요.
- 어제는 너무 피곤해서 일찍 쉬고 싶었어요.
- 돈을 많이 벌어서 새 집을 짓고 싶어요.

연습 1. 〈보기〉와 같이 쓰세요.

〈보기〉 가: 학교 졸업하고 뭐 **하고 싶어요**?
나: 회사에 **취직하고 싶어요**. (취직하다)

1) 가: 새 학기에 뭐 하고 싶어요?
나: ______________________. (친구들을 많이 사귀다)

2) 가: 첫 월급을 받으면 뭐 할 거예요?
나: ______________________. (부모님께 선물을 사 드리다)

3) 가: 다희 씨, 무슨 영화를 보고 싶어요?
나: ______________________. (코미디 영화를 보다)

4) 가: 방학 때 뭐 하고 싶어요?
나: ______________________. (가족들과 함께 제주도에 가다)

■ 꼭 알아두기

1. '-고 싶다'는 의문문에서는 듣는 사람의 희망을 묻고, 서술문에서는 말하는 사람의 희망을 나타내요.

예) 가: 오늘 저녁에 뭐 먹고 싶어요? 나: 음... 불고기를 먹고 싶어요.

2. '-고 싶다'는 형용사에 쓸 수 없어요. 하지만 다음과 같은 예외도 있어요.

예) 멀다 - 멀고 싶어요(X) 행복하다 - 행복하고 싶어요(O) 건강하다 - 건강하고 싶어요(O)

3. (비교해요) '동사 + 고 싶어 하다'는 다른 사람의 희망을 말해요.

예) 사람들은 모두 행복하게 살고 싶어 해요.
제 친구는 다른 나라에 일하러 가고 싶어 했어요. (과거의 희망)
날씨가 더우니까 다들 시원한 수박을 먹고 싶어 하겠어요. (희망을 추측)

문법 2 **명사 + (이)나 + 명사 : 둘 이상의 명사 중 하나를 선택할 때 사용해요.**

명사 받침 ○ → 이나		명사 받침 × → 나	
선생님 토요일	선생님이나 토요일이나	청바지 오토바이	청바지나 오토바이나

- 저는 나중에 크면 선생님이나 의사가 되고 싶어요.
- 이번 주 토요일이나 일요일에 쇼핑하러 갈래요?
- 저는 학교에 갈 때 오토바이나 자전거를 타고 가요.

연습 1. 〈보기〉와 같이 쓰세요.

〈보기〉 가: 점심에 뭐 먹고 싶어요?
나: 글쎄요, **국수나 라면**을 먹을까요?

1) 저는 매주 토요일마다 친구들과 ＿＿＿＿＿(이)나 ＿＿＿＿＿를 해요. (농구, 축구)

2) 저는 아침에는 ＿＿＿＿＿(이)나 ＿＿＿＿＿를 먹어요. (빵, 쌀국수)

3) 과일이 없으니까 ＿＿＿＿＿(이)나 ＿＿＿＿＿쯤 시장에 다녀올게요. (세 시, 네 시)

4) 친구 생일 선물로 ＿＿＿＿＿(이)나 ＿＿＿＿＿을 사려고 해요. (핸드폰 케이스, 지갑)

■ 꼭 알아두기 **동사/형용사 + 거나** : 두 가지 이상의 상황에서 하나를 선택할 때 사용해요

예) 돈이 없거나 피곤할 때는 집에서 쉬어요. (없다)

1) 이번 주말에는 ＿＿＿＿＿ 쉴 거예요. (책을 읽다)
2) 저는 출근할 때 자전거를 ＿＿＿＿＿ 걸어서 가요. (타다)
3) 몸이 ＿＿＿＿＿ 힘들 때는 가족 생각이 많이 나요. (아프다)
4) 스트레스가 쌓일 때는 친구를 ＿＿＿＿＿ 쇼핑을 해요. (만나다)
5) 피곤하면 낮잠을 ＿＿＿＿＿ 비타민을 드세요. (자다)

문법 3 형용사 + (은)ㄴ + 명사 : 형용사가 뒤에 오는 명사를 수식할 때 사용해요.

형용사 받침 ○ → 은		형용사 받침 ×, ㄹ받침 → ㄴ		있다/없다 → 는
작다	작은	예쁘다	예쁜	맛있는, 맛없는
높다	높은	노랗다*	노란	멋있는, 멋없는
좋다	좋은	덥다*	더운	재미있는, 재미없는
같다	같은	길다*	긴	상관있는, 상관없는

- 크고 예쁜 가방을 사고 싶어요.
- 그 가게 점원은 정말 친절한 사람이에요.
- 제 여동생은 긴 머리에 빨간 핀을 하고 있어요.

연습 1. 〈보기〉와 같이 쓰세요.

〈보기〉 가: 제주도는 **어떤 곳**이에요? (어떻다*)
나: 바다가 아름답고 맛있는 해산물이 **많은 곳**이에요. (많다)

1) 가: 그 시장에 왜 자주 가요? 나: 예쁘고 ________물건이 많아요. (싸다)

2) 가: 어떤 신발을 찾으세요? 나: 발이 ________신발을 사고 싶어요. (편하다)

3) 가: 날씨가 너무 더워요. 나: ________물을 마시세요. (시원하다)

4) 가: 주문하시겠어요? 나: 네, ________맛 닭다리하고 콜라 주세요. (맵다)

2. 다음 표를 완성하세요.

크다	(　　　) 집	비싸다	(　　　) 옷
편리하다	(　　　) 교통	쉽다*	(　　　) 한국어
깨끗하다	(　　　) 방	피곤하다	(　　　) 날
착하다	(　　　) 아이	다르다	(　　　) 문화
멀다*	(　　　) 길	맛있다	(　　　) 김치

■ 꼭 알아두기 **동사+는+명사** : 동사가 뒤에 오는 명사를 수식할 때 사용해요.

동사 + (은)ㄴ + 명사 (과거)		동사 + 는 + 명사 (현재)		동사 + (을)ㄹ + 명사 (미래)	
먹은 빵	아까 **한** 일	**먹는** 빵	지금 **하는** 일	**먹을** 빵	나중에 **할** 일

- 지금은 ________ 시간이에요. (쉬다)
- ________ 아기를 달래세요. (울다)
- ________ 사람은 잊어요. (떠나다)
- 쇼핑 ________ 돈이 없어요. (하다)
- 이미 ________ 책이에요. (읽다)
- 벌써 ________ 영화예요. (보다)

복 습

1. **'동사+고 싶다'** 원하는 것을 나타내는 문장을 만들고 발표해 보세요.

예) 도시로 이사를 가고 싶어요.

연습) ______________________________.

2. **'명사+(이)나+명사'와 '동사/형용사+거나'** 둘 중 하나를 선택하는 문장을 만들고 발표해 보세요.

예) 많은 친구들이 고등학교를 졸업하고 대학에 진학하거나 회사에 취업해요.

연습) ______________________________.

3. **'형용사+(은)ㄴ, 있다/없다+는'** 아래 표를 완성하세요.

기본형	형용사+(은)ㄴ, 있다/없다+는	기본형	형용사+(은)ㄴ, 있다/없다+는
낮다	낮은 건물	어리다	어린 아이
다르다		비슷하다	
그립다*		신기하다	
놀랍다*		다양하다	
외롭다*		미안하다	
새롭다*		중요하다	
괴롭다*		재미있다	

4. **'형용사+(은)ㄴ+명사'** 형용사가 뒤의 명사를 수식하는 문장을 쓰고 발표해 보세요.

예) 학교에서 새로운 친구를 많이 사귀었어요.

연습) ______________________________.

■ **꼭 외우기** 빨간색 신발을 사고 싶어요. 사람들은 모두 행복하게 살고 싶어 해요.
국수나 라면을 먹어요. 제주도는 아름다운 곳이에요. 지금은 쉬는 시간이에요.

활동1 듣고 말하기

1. 다음을 잘 듣고 질문에 알맞은 답을 하세요.

   1) 친구 생일은 언제예요?

   ______________________________.

   2) 생일 선물로 무엇을 살 거예요?

   ______________________________.

   3) 내가 사고 싶은 옷과 신발은 뭐예요?

   ______________________________.

2. 〈보기〉와 같이 친구와 대화해 보세요. 밑줄 친 내용을 바꾸어 말할 수 있어요.

〈보기1〉
가: 무엇을 사고 싶어요?
나: 운동화를 사고 싶어요.
가: 찾는 색깔이 있어요?
나: 어두운 색보다는 밝은 색이 좋아요.
가: 잠시만요, 이 노란색 신발 어때요?
나: 네, 좋아요. 이걸로 주세요.

〈보기2〉
가: 이 옷은 조금 커요. 한 치수 작은 것으로 보여 주세요.
나: 이건 어때요?
가: 딱 맞아요. 마음에 들어요. 이걸로 할게요.

〈보기3〉
가: 안녕하세요? 아까 산 우유가 유통기한이 지났어요.
나: 아, 그래요?
가: 다른 것으로 바꿔 주세요.
나: 네, 죄송합니다.

활동2 읽고 쓰기

1. 다음을 읽고 질문에 답하세요.

다음 주 수요일은 제가 첫 출근을 하는 날이에요.
하지만 출근할 때 입을 마음에 드는 옷이 없어요.
저는 정장 치마나 바지를 사고 싶어요.
그리고 낮고 편한 구두도 살 거예요.
서울백화점에서 이번 주에 할인행사를 해요.
그래서 이번 주말에 서울백화점에 갈 거예요.

1) 다음 주 수요일은 어떤 날이에요? ________________________________.

2) 언제, 어디에서 쇼핑을 할 거예요? ________________________________.

3) 무엇을 사고 싶어요? ________________________________.

2. 여러분은 무엇이 필요해요? 사고 싶은 것에 대해 〈보기〉의 단어를 사용하여 글을 써 보세요.

〈보기〉 동대문시장 청바지 티셔츠 운동화
편하다 토요일 길다 짧다

____

____

____

____

____

____

____.

5월은 가정의 달

어린이날 (5월 5일)

어버이날 (5월 8일)

스승의 날 (5월 15일)

부부의 날 (5월 21일)

한국에서는 5월을 가정의 달이라고 해요. 5월에는 기념일이 많이 있어요. 5월 5일은 어린이날이고, 5월 8일은 어버이날이에요. 5월 15일은 스승의 날이고, 5월 21일은 부부의 날이에요.

어린이날에는 어린이들이 좋아하는 선물을 사 주거나 놀이공원에 데려 가요. **어버이날**에는 부모님의 사랑과 은혜에 감사하는 마음으로 카네이션 꽃을 달아드리고 선물을 드려요. **스승의 날**에는 선생님의 은혜에 감사하는 마음으로 꽃과 선물을 드리고 '스승의 은혜' 노래도 불러 드려요. **부부의 날**은 가정의 달인 5월에 둘(2)이 하나(1)가 된다는 뜻으로, 부부관계의 소중함을 되새기고 화목한 가정을 만들자는 의미가 있어요.

16과

영화가 슬퍼서 많이 울었어요

주제 감정
어휘 감정 표현
문법 무슨
동/형+아/어/해서
동/형+(으)면

복습 문법 패턴 연습
문장 만들기
활동 감정 말하기
이유 말하기
문화 한국의 공동체 문화 '우리'

마 리: 이번 주말에 같이 영화 볼래요?
다 희: 무슨 영화를 볼까요?
마 리: 로맨스영화는 어때요?
다 희: 지난주에 로맨스영화를 봤는데 너무 슬펐어요.
마 리: 왜 슬펐어요?
다 희: 남녀 주인공이 서로 사랑하는데 헤어졌어요. 너무 슬퍼서 울었어요.
마 리: 그럼 이번에는 해피엔딩으로 봐요.
다 희: 네, 좋아요.

발음

같이[가치]　　슬펐어요[슬퍼써요]　　울었어요[우러써요]

감정 표현(1)

어휘

기쁘다 슬프다 외롭다 그립다
긴장되다 놀라다 무섭다 피곤하다
당황하다 창피하다(부끄럽다) 속상하다 실망하다
화나다 짜증나다 우울하다 아쉽다
행복하다 심심하다 지루하다 귀찮다
미안하다 걱정하다 불쌍하다 괜찮다

감정 표현(2)

어휘

질투하다 좋다(좋아하다) 싫다(싫어하다) 밉다(미워하다)

후회하다 반갑다 감동하다 사랑스럽다

신기하다 신나다 편안하다 불편하다

불안하다 곤란하다 만족스럽다 불만족스럽다

다행이다 억울하다 괴롭다 자랑스럽다

불쾌하다 마음이 아프다 답답하다 어색하다

문법 1 무슨 + 명사 : 무엇인지 모르는 일이나 물건 등을 물을 때 사용해요.

- 가: 무슨 일로 오셨어요? 나: 사장님을 만나기로 했어요.
- 가: 무슨 음악을 좋아해요? 나: K-pop을 좋아해요.
- 가: 이건 무슨 뜻이에요? 나: 저도 잘 모르겠어요.
- 가: 언제 만날까요? 나: 저는 무슨 요일이든 상관없어요.

연습 1. 〈보기〉와 같이 대화를 완성하세요.

〈보기〉 가: **무슨 운동**을 자주 해요?
나: 농구를 자주 해요.

1)

가: ______________________?
나: 쌀국수를 좋아해요.

2)

가: ______________________?
나: 초록색을 좋아해요.

3)

가: ______________________?
나: 액션 영화를 좋아해요.

4)

가: ______________________?
나: 눈이 오는 겨울을 좋아해요.

■ **꼭 알아두기** '어떤 + 명사'와 구별하기

'어떤'은 사람이나 사물의 특징, 내용, 성격, 성질, 모양 등을 물을 때 사용해요.	
가: 그 사람은 어떤 사람이에요?	나: 그 사람은 착하고 친절한 사람이에요.
가: 지금 어떤 일을 하고 있어요?	나: 작은 회사에 다니고 있어요.

문법 2

동사/형용사 + 아/어/해서 :
앞의 동사, 형용사가 뒤의 내용의 이유나 원인을 말할 때 사용해요.

ㅏ, ㅗ ○ + 아서	ㅏ, ㅗ 외 + 어서	하다 → 해서
좁다 → 좁아서 비싸다 → 비싸서 만나다 → 만나서 아프다 → 아파서*	크다 → 커서* 멀다 → 멀어서 덥다 → 더워서* 학생이다 → 학생이어서*	지각하다 → 지각해서 복잡하다 → 복잡해서 피곤하다 → 피곤해서 저축하다 → 저축해서

- 더워서 에어컨을 켰어요.
- 그 가방은 너무 비싸서 살 수 없어요.
- 당신을 만나서 행복해요.
- 머리가 너무 아파서 오늘은 쉴게요.
- 열심히 저축해서 집을 살 거예요.

연습 1. 〈보기〉와 같이 대화를 완성하세요.

〈보기〉 가: 카인, 오후에 뭐 할 거예요?
나: 다음 주에 **시험이 있어서** 공부할 거예요.

1) 가: 왜 식사를 안 해요?
나: ____________________ 안 먹으려고요. (속이 안 좋다)

2) 가: 왜 이렇게 늦었어요?
나: 죄송해요. ____________________ 늦었어요. (길이 막히다)

3) 가: 왜 한국어 수업에 안 왔어요?
나: ____________________ 못 갔어요. (집에 손님이 오다)

4) 가: 아까는 왜 전화 안 받았어요?
나: 미안해요. ____________________ 못 받았어요. (너무 바쁘다)

5) 가: 왜 갑자기 옷을 사요?
나: ____________________ 맞는 옷이 없어요. (살이 찌다)

문법 3

동사/형용사 + (으)면 : 조건이나 가정을 말할 때 사용해요.

받침 ○ + 으면	받침 ×, ㄹ받침, 이다/아니다 + 면	하다 → 하면
있다 → 있으면 없다 → 없으면 당첨되다 → 당첨되면 보고 싶다 → 보고 싶으면	가다 → 가면 울다 → 울면* 마음에 들다 → 마음에 들면* 사실이다 → 사실이면*	일하다 → 일하면 공부하다 → 공부하면 운동하다 → 운동하면 사랑하다 → 사랑하면

- 돈이 있으면 세계여행을 할 거예요.
- 이번 주에 시간이 없으면 다음 주에 만나요.
- 그 운동화가 마음에 들면 사 줄게.
- 보고 싶으면 언제든지 전화하세요.
- 열심히 일하면 승진할 수 있어요.

연습 1. 〈보기〉와 같이 쓰세요.

〈보기〉 **비가 오면** 소풍은 취소합니다. (비가 오다)

1) ______________________ 잠이 와요. (공부를 하다)

2) ______________________ 행복해져요. (사랑하다)

3) ______________________ 우유를 주거나 기저귀를 갈아 주세요. (아기가 울다)

4) ______________________ 잠을 못 자요. (밤에 무서운 영화를 보다)

5) ______________________ 꿈을 이룰 수 있을 거예요. (열심히 노력하다)

6) ______________________ 제 생일이에요. (며칠 있다)

7) ______________________ 너에게 반을 줄게. (로또에 당첨되다)

8) 밤늦게 ______________________ 건강에 좋지 않아요. (라면을 먹다)

복 습

1. **'무슨+명사'** 무엇인지 모르는 일이나 물건 등을 묻는 문장을 쓰고 발표해 보세요.

예) 무슨 뜻이에요? 자세히 설명해 주세요.

연습) ____.

2. **'동/형+아/어/해서'** 아래 표를 완성하세요.

기본형	동/형+아/어/해서	기본형	동/형+아/어/해서
자다	자서	싸다	
살다*		좋다	
걸리다		힘들다*	
놀라다		쉽다*	
미끄러지다		시끄럽다*	

3. **'동/형+아/어/해서'** 이유나 원인을 나타내는 문장을 쓰고 발표해 보세요.

예) 무슨 일 있어요? 걱정돼서 전화했어요.

연습) ____.

4. **'동사/형용사+(으)면'** 아래 표를 완성하세요.

기본형	동/형+(으)면	기본형	동/형+(으)면
뛰다	뛰면	듣다*	
흐리다		맵다*	
기다리다		춥다*	
거짓말이다*		조심하다	

5. **'동/형+(으)면'** 조건이나 가정을 말하는 문장을 쓰고 발표해 보세요.

예) 오늘 컨디션이 안 좋으면 쉬세요.

연습) ____.

■ **꼭 외우기** 영화가 슬퍼서 많이 울었어요. 무슨 일이에요? 어떤 사람이에요?
더워서 에어컨을 켰어요. 사랑하면 행복해져요.

활동1 듣고 말하기

1. 다음을 잘 듣고 질문에 알맞은 답을 하세요.

   1) 폰나린은 왜 병원에 가요?

   ____.

   2) 하안은 왜 시장에 가요?

   ____.

   3) 폰나린은 왜 하안에게 부탁하지 않았어요?

   ____.

2. 친구와 게임을 하면서 감정을 나타내는 표현을 해 보세요.

<table>
<tr><td>시작
→</td><td>재미있다</td><td>당황하다</td><td>슬프다</td><td>놀라다</td><td>미안하다
↓</td></tr>
<tr><td>기대하다
↓</td><td>실망하다</td><td>긴장하다</td><td>좋다</td><td>← 그립다</td><td>즐겁다
↓</td></tr>
<tr><td>피곤하다</td><td colspan="4" rowspan="2">**<게임 방법>**
1. 주사위를 던지세요.
2. 홀수가 나오면 한 칸, 짝수가 나오면 두 칸씩 앞으로 가세요.
3. 감정단어를 사용하여 말해보세요.
예) 게임이 너무 <u>재미있어요.</u> 할 일이 없어서 <u>심심해요</u>.</td><td>↖ 속상하다</td></tr>
<tr><td>괜찮다
↓</td><td>화나다
↓</td></tr>
<tr><td>웃다
↓</td><td>← 놀라다</td><td>무섭다</td><td>사랑하다</td><td>부끄럽다</td><td>← 행복하다</td></tr>
<tr><td>좋아하다 →</td><td>마음이
아프다</td><td>↙ 다행이다</td><td>울다</td><td>심심하다</td><td>외롭다
↓</td></tr>
<tr><td>끝 ←</td><td>← 기쁘다</td><td>신나다</td><td>걱정하다</td><td>후회하다</td><td>← 답답하다</td></tr>
</table>

활동2 읽고 쓰기

1. 글을 읽고 질문에 답하세요.

성 호: 요즘 당신 한국말 실력이 정말 많이 늘었어요.
마 리: 아니에요, 아직도 모르는 것이 많아요. 실수도 많이 하고요.
성 호: 당신이 처음 한국에 왔을 때가 생각이 나요. 한국말을 하나도 몰라서 손짓 발짓으로 했지요.
마 리: 그때를 생각하면 너무 부끄러워요.
성 호: 당신이 포기하지 않고 열심히 공부해줘서 고마워요,
마 리: 힘들어서 그만두고 싶을 때 당신이 많이 도와줘서 잘 할 수 있었어요.

1) 위의 글에서 감정을 나타내는 단어를 모두 찾아 써 보세요.

______________________________.

2) 마리는 한국에 처음 왔을 때 왜 손짓 발짓을 했어요?

______________________________.

3) 성호는 마리에게 왜 고마워해요?

______________________________.

2. 여러분은 기분이 좋을 때와 안 좋을 때 어떻게 하는지 써 보세요.

〈보기〉 저는 기분이 좋을 때 무엇을 해요.
저는 기분이 안 좋을 때 무엇을 해요.

저는 기분이 좋을 때는 ______________________________

____

______________________________.

그리고 기분이 안 좋을 때는 ______________________________

____

______________________________.

한국의 공동체 문화 '우리'

한국어에서 '우리'의 의미는 아주 넓습니다. 일반적으로 '우리'는 말하는 사람과 듣는 사람을 포함한 여러 사람을 가리키는 말입니다. 예를 들어, '우리 내일 다시 만나요'라는 표현입니다. 그러나 한국 사람들은 '나의(내)'를 표현할 때도 '우리'라는 말을 씁니다. 예를 들어 '우리 회사, 우리 학교, 우리 가족' 등입니다. 이것은 '나'보다도 내가 속한 공동체를 더 중요하게 생각하는 문화 때문입니다. 마지막으로 친밀감을 나타낼 때도 사용합니다. 예를 들어, '우리 아들, 무슨 일 있었어?', '우리 남편은 집안일을 잘 도와줘요' 등의 표현입니다.

우리 나라

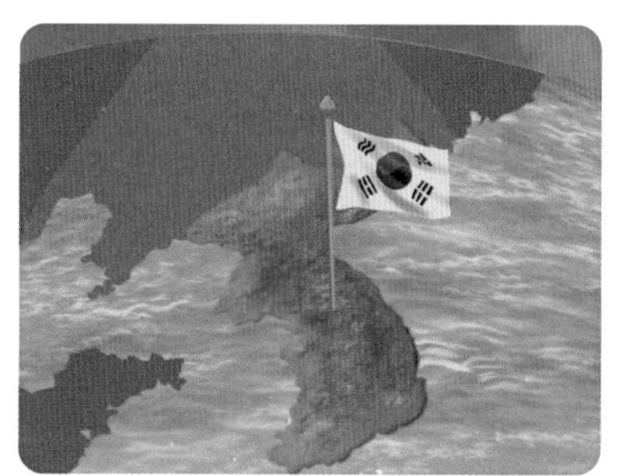

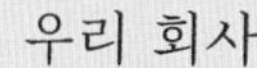

우리 동네

우리 반

우리 학교

우리 집

주제 건강
어휘 증상 및 약국 관련
문법 형용사+아/어/해 보이다
동사+지 말다
명사+전에/후에
명사+ 때문에

복습 문법 패턴 연습
문장 만들기
활동 증상 말하기
아픈 사람에게 조언하기
문화 세계의 민간요법

다 희: 노아씨, 어디가 아파요? 얼굴이 안 좋아 보여요.
노 아: 네, 두통 때문에 그래요.
다 희: 그래요? 많이 아프면 병원에 가 보세요.
노 아: 아니에요. 좀 쉬면 괜찮을 거예요.
다 희: 그럼 약을 먹고 푹 쉬세요. 그리고 오늘은 아무 일도 하지 마세요.
노 아: 네, 그래야겠어요. 고마워요. 다희씨.

발음

괜찮을 거예요[괜차늘꺼예요]

증상 관련

어휘

열이 나다 | 머리가 아프다(두통) | 이가 아프다(치통) | 근육이 아프다(근육통)

콧물이 나다 | 기침이 나다 | 재채기가 나다 | 목이 아프다(붓다)

배탈이 나다 | 설사가 나다 | 토하다 | 속이 쓰리다

소화가 안 되다 | 화상을 입다 | 가렵다 | 얼굴에 뭐가 나다

기운이 없다 | 어지럽다 | 멀미가 나다 | 뼈가 부러지다

발목을 삐다 | 상처가 나다(다치다) | 감기에 걸리다 | 몸살이 나다

처방 관련

어휘

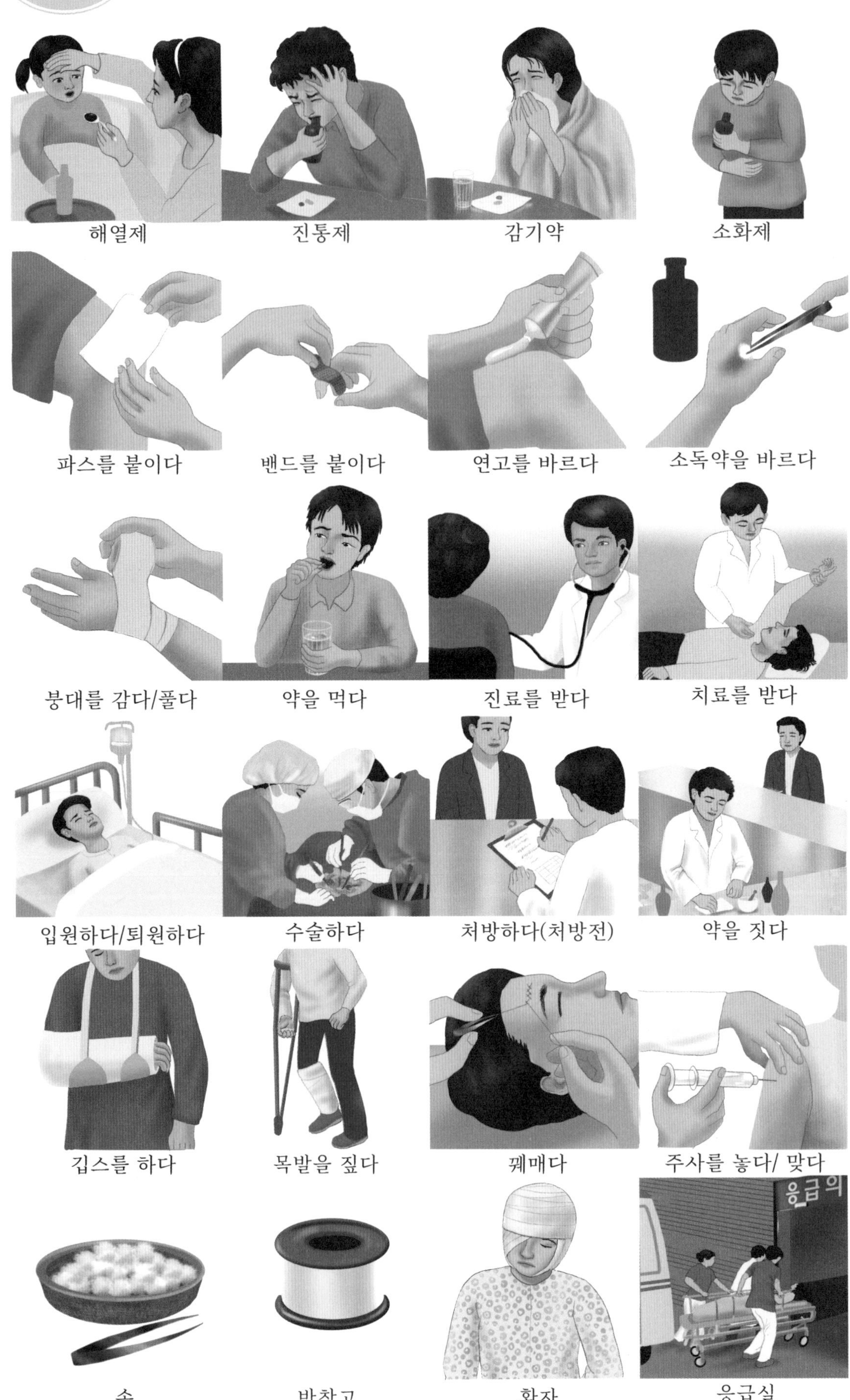

해열제 | 진통제 | 감기약 | 소화제

파스를 붙이다 | 밴드를 붙이다 | 연고를 바르다 | 소독약을 바르다

붕대를 감다/풀다 | 약을 먹다 | 진료를 받다 | 치료를 받다

입원하다/퇴원하다 | 수술하다 | 처방하다(처방전) | 약을 짓다

깁스를 하다 | 목발을 짚다 | 꿰매다 | 주사를 놓다/ 맞다

솜 | 반창고 | 환자 | 응급실

문법 1 형용사 + 아/어/해 보이다 : 어떤 대상을 짐작, 판단 할 때 사용해요.

ㅏ, ㅗ ○ + 아 보이다	ㅏ, ㅗ × + 어 보이다	하다 → 해 보이다
아프다 → 아파 보이다*	맛있다 → 맛있어 보이다	착하다 → 착해 보이다
비싸다 → 비싸 보이다	크다 → 커 보이다*	피곤하다 → 피곤해 보이다
작다 → 작아 보이다	어렵다 → 어려워 보이다*	한가하다 → 한가해 보이다
많다 → 많아 보이다	힘이 없다 → 힘이 없어 보이다	행복하다 → 행복해 보이다

- 그 사람 첫인상이 착해 보여요.
- 아이가 많이 어른스러워 보여요.
- 무슨 일 있어요? 기운이 없어 보여요.
- 요즘 살이 빠졌어요? 옷이 커 보여요.

연습 1. 〈보기〉와 같이 쓰세요.

〈보기〉 아이가 **얌전해 보이네요.** (얌전하다)

1) 어디 안 좋아요? ______________________. (힘들다)

2) 오늘 많이 바빴어요? ______________________. (피곤하다)

3) 요즘 일이 많은가 봐요. ______________________. (바쁘다)

4) 몸이 안 좋아요? ______________________. (아프다)

5) 배가 고프니까 다 ______________________. (맛있다)

6) 이 영화가 ______________________ 이 영화를 봐요. (재미있다)

7) 지금은 ______________________ 내일 다시 찾아올게요. (바쁘다)

8) 지난번보다 얼굴이 훨씬 더 ______________________. (좋다)

'ㅎ'발음의 다양한 예

1. ㅎ + ㄱ,ㄷ,ㅂ,ㅈ = [ㅋ,ㅌ,ㅍ,ㅊ]	좋고[조코], 좋던[조턴], 입학[이팍], 좋지[조치]
2. ㅎ + ㅅ = [ㅆ]	좋소[조쏘], 싫소[실쏘], 그렇소[그러쏘]
3. ㅎ + ㄴ = [ㄴ,ㄴ]	좋네[존네], 놓는[논는], 쌓는[싼는],
4. ㅎ + 모음 = ㅎ발음하지 않음*	좋은[조은], 좋아[조아], 싫어[시러]

동사 + 지 말다 : 어떤 행동의 금지를 나타낼 때 사용해요.

명령문	청유문
찍다 - 찍지 말다(마세요) 마시다 - 마시지 말다 먹다 - 먹지 말다 하다 - 하지 말다	버리다 - 버리지 말다(맙시다) 놀다 - 놀지 말다 말하다 - 말하지 말다 포기하다 - 포기하지 말다

- 거짓말하지 마. 솔직하게 말해.
- 걸어가지 말고 차를 탑시다.
- 떠들지 말고 조용히 하세요.
- 울지 말고 웃어 봐. 좋은 일이 생길거야.
- 영화관에서는 사진이나 동영상을 찍지 마세요.

연습 1. 〈보기〉와 같이 쓰세요.

〈보기〉 이번 주에 중요한 시험이 있으니까 **놀지 말고** 공부합시다.

1) 잔디에 ____________________. (들어가다)

2) 길에 쓰레기를 ____________________. (버리다)

3) 반바지를 ____________ 긴 바지를 사요. (사다)

4) 오늘 저녁은 집에서 ____________ 외식해요. (먹다)

5) 늦었으니까 버스를 ____________ 택시를 타요. (타다)

6) 여기에서 사진을 ____________________. (찍다)

7) 부끄러워요. ____________________. (놀리다)

8) 위험하니까 너무 늦게 ____________________. (다니다)

9) 그 사람은 입만 열면 거짓말을 하니까 ____________________. (믿다)

10) ____________________ 사이좋게 지내요. (싸우다)

문법 3

명사 + 전/후에 :
명사를 기준으로 시간적으로 명사 앞의 일이나 뒤의 일을 나타낼 때 사용해요.

명사 + 전에(앞에)	명사 + 후에(뒤에)
식사 - 식사 전에 30분 - 30분 전에 하루 - 하루 전에	식사 - 식사 후에 한 시간 - 한 시간 후에 일주일 - 일주일 후에

- 그 약은 식사 30분 전에 먹어야 해요.
- 일주일 후에 병원에 다시 오세요.
- 5분 뒤에 회의가 시작됩니다.
- 운동 후에는 물을 드세요.
- 30분 전에 버스가 떠났어요.
- 10년 후에 나는 무슨 일을 하고 있을까요?

연습 1. 〈보기〉와 같이 쓰세요.

〈보기〉 차가 **몇 분 후에** 출발해요? (몇 분)

1) ______________ 마트에서 장을 보고 들어갈 거예요. (퇴근)

2) 검사결과는 ______________ 나오니까 그때 다시 병원에 오세요. (일주일)

3) ______________ 열심히 공부해야지요. (시험)

4) ______________ 준비할 것이 많아요. (결혼)

5) ______________ 약을 꼭 드세요. (식사)

■ **꼭 알아두기** 비슷한 표현들

<table>
<tr><th rowspan="2">동사 + 기 전에</th><th colspan="2">동사 + 은(ㄴ) 후에(다음에)</th></tr>
<tr><th>받침 + 은 후에(다음에)</th><th>받침×, ㄹ받침 + ㄴ 후에(다음에)</th></tr>
<tr><td>먹다 - 먹기 전에
만나다 - 만나기 전에
일하다 - 일하기 전에</td><td>먹다 - 먹은 후에(다음에)
읽다 - 읽은 후에(다음에)
찍다 - 찍은 후에(다음에)</td><td>가다 - 간 후에(다음에)
하다 - 한 후에(다음에)
열다 - 연 후에(다음에)</td></tr>
</table>

연습) ______________ 손을 씻어요. (먹다) 창문을 ______________ 청소를 해요. (열다)

식사를 ______________ 설거지를 해요. (하다) 일이 ______________ 전화하세요. (끝나다)

문법 4

명사 + 때문에 : 명사가 어떤 일의 원인을 나타낼 때 사용해요.

명사 + 때문에	동사, 형용사/이다, 아니다 + 기 때문에
나 때문에 당신 때문에 그 문제 때문에	심각하다 - 심각하기 때문에 사랑했다* - 사랑했기 때문에 외국인이다* - 외국인이기 때문에

- 저는 외국인이기 때문에 한국말을 잘 몰라요.
- 그 사람이 떠나 버렸기 때문에 너무 슬퍼요.
- 장마 때문에 홍수가 나서 학교에 못 갔어요.
- 도대체 무엇 때문에 화가 났어요?

연습 1. 〈보기〉와 같이 쓰세요.

〈보기〉 **비 때문에** 소풍이 취소됐어요.(비)

1) ____________ 건강이 많이 나빠졌어요. (술과 담배)

2) ____________ 계속 잠이 와요. (약)

3) 요즘 ____________ 스트레스가 많아요. (일)

4) ____________ 전기요금이 많이 나와요. (에어컨)

5) ____________ 눈이 많이 나빠졌어요. (컴퓨터 게임)

6) ____________ 파스를 붙였어요. (근육통)

7) 그녀를 ____________ 그녀가 떠난다면 보내줄 거예요. (사랑하다)

8) 열심히 ____________ 시험에 합격할 수 있었어요. (공부하다)

■ **꼭 알아두기** '그래서'와 '왜냐하면' 사용의 차이

원인 - **그래서** - 결과	결과 - **왜냐하면** - 원인(**~기 때문이다**)

예) 나는 너무 기쁘다. 왜냐하면 시험에 합격했기 때문이다.

연습) 알맞은 표현에 동그라미 하세요.

1. 몸살이 났다. (그래서/ 왜냐하면) 쉬었다.
2. 나는 한국어를 열심히 공부한다. (그래서/ 왜냐하면) 한국에서 일하고 싶기 때문이다.
3. 나는 전기요금을 내지 않았다. (그래서/ 왜냐하면) 전기가 끊겼다.
4. 배탈이 났다. (그래서/ 왜냐하면) 더워서 아이스크림을 많이 먹었기 때문이다.

복 습

1. **'형용사+아/어/해 보이다'** 아래 표를 완성하세요.

기본형	형용사+아/어/해 보이다	기본형	형용사+아/어/해 보이다
적다	적어 보이다(보여요)	멀다	
괜찮다		높다	
기쁘다*		다양하다	
무섭다*		유명하다	
외롭다*		깨끗하다	

2. **'형용사+아/어/해 보이다'** 어떤 대상을 짐작, 판단하는 문장을 만들고 발표해 보세요.

예) 치킨이 정말 맛있어 보여요.

연습) ______________________________.

3. **'동사+지 말다'** 행동의 금지를 나타내는 문장을 쓰고 발표해 보세요.

예) 스팸 메일이에요. 클릭하지 마세요.

연습) ______________________________.

4. **'명사+전/후에'** 명사 앞의 일이나 뒤의 일을 나타내는 문장을 쓰고 발표해 보세요.

예) 수업을 시작하기 전에 화장실에 다녀오세요.

연습) ______________________________.

5. **'명사+때문에'** 명사가 어떤 일의 원인을 나타내는 문장을 쓰고 발표해 보세요.

예) 저 때문에 생긴 일입니다. 죄송합니다.

연습) ______________________________.

■ **꼭 외우기** 피곤해 보여요. 쓰레기를 버리지 마세요. 식사 후에 약을 드세요.
먹기 전에 손을 씻어요. 저 때문이에요.

활동1 듣고 말하기

1. 다음을 잘 듣고 아래의 질문이 들은 내용과 같으면 ○, 다르면 × 하세요.

1) 노아는 목이 아프고 기침이 심해요. (　　)

2) 노아는 감기 몸살에 걸렸어요. (　　)

3) 약은 식사 30분 전에 먹어야 해요. (　　)

4) 노아는 주사를 맞고 약을 받을 거예요. (　　)

2. 몸이 아파서 병원에 갔어요. 아래의 표현을 사용하여 〈보기〉와 같이 친구와 함께 의사와 환자가 되어 대화해 보세요.

감기에 걸리다	몸살이 나다		열이 나다	기침이 심하다
콧물이 나다	온 몸이 아프다		배탈이 나다	설사하다
토하다	어지럽다	다리가 아프다	소화가 안 되다	가렵다

<보기> 가: 힘들어 보여요. 어디가 안 좋아요?
나: <u>감기에 걸려서</u> 그래요.
가: 약은 먹었어요?
나: 네, 아까 병원에서 처방전을 받아서 약을 사 먹었어요.

된소리(ㄲ, ㄸ, ㅃ, ㅆ, ㅉ) 발음

받침ㄱ,ㄴ,ㄷ(ㄷ,ㅅ,ㅈ,ㅊ,ㅌ,ㅎ,ㅆ),ㄹ,ㅁ,ㅂ + 첫소리ㄱ,ㄷ,ㅂ,ㅅ,ㅈ
→ **받침ㄱ,ㄴ,ㄷ,ㄹ,ㅁ,ㅂ** + 첫소리ㄲ,ㄸ,ㅃ,ㅆ,ㅉ

연습) 비빔밥[비빔빱], 열쇠[열쐬], 할 거예요[할꺼예요], 할 수 있어요[할쑤이써요]

축구[축꾸], 박수[박쑤], 학교[학꾜], 옷장[옫짱], 났습니다[낟씀니다], 옆집[엽찝]

활동2 읽고 쓰기

1. 다음을 읽고 질문에 답하세요.

다 희: 안녕하세요?
약 사: 안녕하세요? 뭘 도와드릴까요?
다 희: 급하게 뛰어가다가 넘어져서 무릎을 다쳤어요. 피가 나고 피부도 벗겨졌어요.
약 사: 소독약하고 연고를 드릴게요. 먼저 소독을 한 다음에 이 연고를 바르세요.
아, 그리고 상처를 보호해야 하니까 연고를 바른 후에 이 밴드도 붙이세요.
다 희: 네 감사합니다.

1) 다희는 어디에 갔어요?

______________________________.

2) 다희는 왜 약국에 갔어요?

______________________________.

3) 약사는 무엇을 주었어요?

______________________________.

4) 다희는 어떻게 치료할 거예요?

______________________________.

2. 여러분은 병원에 가 봤어요? 어떻게 했어요? 아래 표를 보고 문장을 완성하세요.

진료기록부 (서울내과)					
이름	정다희	성별	여	날짜	4월22일
병명	배탈	증상	배가 아프다 / 설사가 나다		

어제는 날씨가 너무 더워서 시원한 물과 아이스크림을 많이 먹었습니다. 오후부터 _______ _______고 ________________________. 너무 아파서 집 근처에 있는 _________에 갔습니다. 의사 선생님께서 "________이 났네요. 죽을 드신 후에 따뜻한 물과 함께 약을 드시고 푹 쉬세요."라고 말씀하셨습니다. 진료를 받은 후 처방전을 가지고 약국에 갔습니다. 그리고 약을 지은 후에 집으로 돌아왔습니다.

세계의 민간요법

각 나라에는 옛날부터 전해오는 여러 가지 민간요법들이 있습니다. 특히, 감기에 걸렸을 때 어떤 민간요법들이 있는지 알아볼까요?

	• 생강(한국) • 가래가 있고 기침이 날 때 따뜻한 생강차를 마셔요.
	• 양파우유(북유럽) • 양파를 갈아서 따뜻한 우유에 넣어 마셔요.
	• 뱅쇼(프랑스, 유럽) • 와인에 계피, 과일, 꿀 등을 넣고 끓여서 마셔요.
	• 페퍼민트차(캐나다) • 열이 나고 목이 부었을 때 따뜻한 페퍼민트차를 마셔요.
	• 치킨수프(미국) • 치킨과 야채를 함께 넣어 끓여서 먹어요.
	• 레몬차(에티오피아, 미국 등) • 뜨겁게 끓인 물에 레몬즙과 꿀을 넣어 마셔요.

18과 한국어는 조금 어려운데 재미있어요

주제 한국어
어휘 한국어 사용 관련
문법 동/형+지요?
명사+처럼
동/형+는데

복습 문법 패턴 연습
문장 만들기
활동 한국어 사용의 어려움에 대해 말하고 쓰기
문화 한국의 이모티콘과 줄임말, 신조어

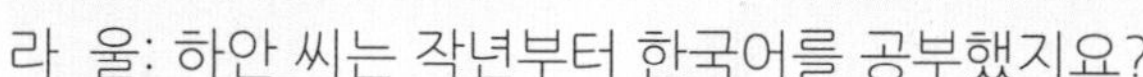

라 울: 하안 씨는 작년부터 한국어를 공부했지요?
하 안: 네, 이제 1년 정도 되었어요.
라 울: 와, 그럼 이제 한국 사람처럼 말하겠네요.
하 안: 아니에요, 1년 동안 공부했는데 아직도 잘 못 해서 부끄러워요.
라울 씨도 한국어를 배우고 있지요?
라 울: 네, 이제 6개월 지났어요. 한국어는 조금 어려운데 재미있어요.
하 안: 저도요. 계속 열심히 공부하면 잘하게 되겠죠? 우리 같이 노력해 봐요.

발음

작년[장년]
1년 동안[일년똥안]
못 해서[모태서]
노력해[노려캐]

한국어 공부 관련 표현

어휘

맞춤법이 틀리다

띄어쓰기를 잘못하다

억양이 부자연스럽다

발음이 부정확하다

높임말이 헷갈리다

단어가 생각이 안 나다

문법이 어렵다

줄임말을 많이 사용하다

동문서답하다

뜻을 잘 모르다

사전을 찾다

못 알아듣다

천천히 말하다

잘 듣고 따라하다

한국말이 유창하다

문법 1 동사/형용사 + 지요? : 듣는 사람이나 말하는 사람이 이미 알고 있는 것을 다시 확인하거나 동의를 구할 때 **사용해요.**

동사, 형용사 + 지요?	명사 + (이)지요?	
	받침 ○ → 이지요?	받침 × → 지요?
어렵다 → 어렵지요? 예쁘다 → 예쁘지요? 맛있다 → 맛있지요? 그렇다 → 그렇지요? 좋아하다 → 좋아하지요?	학생 → 학생이지요? 토요일 → 토요일이지요? 사장님 → 사장님이시지요?	가수 → 가수지요? 언니 → 언니지요? 7시 → 7시지요?

- 우리 다음 주부터 방학이지요? 네, 맞아요.
- 길이 정말 복잡하지요? 네, 정말 복잡해요.
- 11시부터 12시까지 점심시간이지요? 아니요, 12시부터 1시까지 점심시간이에요.

연습 1. 〈보기〉와 같이 대화를 완성하세요.

〈보기〉 한국어가 **재미있지요?** 나 : 네, 재미있어요.

1) 가 : 하안 씨, ____________________? 나 : 아니요, 베트남 사람이에요.

2) 가 : 한국 음식을 ____________________? 나 : 네, 좋아해요.

3) 가 : 다희 씨 전화번호 ______________? 나 : 네, 알아요.

4) 가 : 우리 토요일에 ________________? 나 : 네, 점심 약속 있어요.

5) 가 : 집에서 회사가 ________________? 나 : 아니요, 멀어요.

6) 가 : 카인 씨도 영화보러 ____________? 나 : 네, 같이 갈 거예요.

tip

'-지요'는 '-죠'로 줄여 쓸 수 있어요.

오늘 정말 덥지요? 요즘 일이 많지요?	오늘 정말 덥죠? 요즘 일이 ( )?

문법 2 명사 + 처럼 : 어떤 대상이 명사와 비슷하거나 같을 때 이를 비유하여 사용해요.

- 아이가 어른처럼 말해요.
- 얼굴이 사과처럼 빨개요.
- 아픈 사람처럼 보여요.
- 한국 사람처럼 말하고 싶어요.
- 새처럼 하늘을 날고 싶어요.
- 말처럼 쉬운 일이 아니에요.

연습 1. 〈보기〉와 같이 문장을 완성하세요.

〈보기〉 인도도 **중국처럼** 인구가 아주 많아요. (중국)

1) 필리핀도 ________________ 많이 더워요. (베트남)

2) 나도 ________________ 한국말을 잘 하고 싶어. (너)

3) 그 여자는 ________________ 예쁘게 생겼어요. (인형)

4) 제 동생은 ________________ 행동이 느려요. (곰)

5) 아직 봄인데도 ________________ 더워요. (여름)

6) ________________ 반짝반짝 빛나는 사람이 되고 싶어요. (별)

7) 그 친구는 ________________ 소중한 친구예요. (가족)

tip

'명사 + 처럼'은 '명사 + 같이'와 바꿔 쓸 수 있어요.

직원이 사장님처럼 행동해요. 그 사람처럼 멋진 사람은 처음 봐요. 제 친구는 국가 대표처럼 축구를 잘 해요. 약을 먹고 거짓말처럼 열이 내렸어요. 그림처럼 예쁜 집이네요.	직원이 사장님같이 행동해요. 그 사람같이 멋진 사람은 처음 봐요. 제 친구는 국가 대표같이 축구를 잘 해요. 약을 먹고 거짓말같이 열이 내렸어요. 그림같이 예쁜 집이네요.

문법 3

동사/형용사 + 는데 :
어떤 일의 배경이 되는 상황을 설명하거나 대조되는 상황을 말할 때 사용해요.

<table>
<tr><th>동사, 있다, 없다 + 는데</th><th colspan="2">형용사 + (은) ㄴ데</th><th>명사 + 인데</th></tr>
<tr><td rowspan="2">먹다 - 먹는데
하다 - 하는데
놀다 - 노는데*
했다 - 했는데*
컸다 - 컸는데*</td><td>받침 ○ + 은데</td><td>받침 ×, ㄹ받침
+ ㄴ데</td><td rowspan="2">아침 - 아침인데
여자 - 여자인데
학생 - 학생인데
한국 - 한국인데</td></tr>
<tr><td>작다 - 작은데
좋다 - 좋은데
괜찮다 - 괜찮은데</td><td>멀다 - 먼데*
아프다 - 아픈데
가깝다 - 가까운데*</td></tr>
</table>

- 한국어 읽기는 쉬운데 말하기는 어려워요. (대조)
- 도시에는 공장이 많은데 시골에는 많이 없어요. (대조)
- 어제 영화를 봤는데 주인공이 헤어져서 너무 슬펐어요. (설명)
- 학교에 갈 때 오토바이를 탔는데 길이 너무 복잡했어요. (설명)

연습 1. 〈보기〉와 같이 문장을 완성하세요.

〈보기〉 저는 **키는 큰데** 농구는 잘 못 해요. (크다)

1) 한국어는 ________________ 재미있어요. (어렵다)

2) 방금 ________________ 다시 더러워졌어요. (청소하다)

3) 돈은 ________________ 쇼핑 할 시간이 없어요. (있다)

4) 자신이 ________________ 제가 그 일을 해도 될까요? (없다)

5) 할 일은 ________________ 시간이 없어요. (많다)

6) 한국은 지금 ________________ 미국은 밤이에요. (낮)

7) 이 색깔은 ________________ 저 색깔은 별로예요. (괜찮다)

8) 어제 외식을 ________________ 정말 맛있었어요. (하다)

9) 지난 주말에 제주도에 ________________ 경치가 너무 아름다웠어요. (가다)

복 습

1. **'동/형+지요?, 명+(이)지요?'** 듣는 사람이나 말하는 사람이 이미 알고 있는 것을 다시 확인하거나 동의를 구하는 문장을 만들고 발표해 보세요.

예) 물을 낭비하지 말고 아껴 써야 하지요?

연습)____.

2. **'명사+처럼'** 어떤 대상이 명사와 비슷하거나 같음을 나타내는 문장을 쓰고 발표해 보세요.

예) 우리 아버지처럼 좋은 어른이 되고 싶어요.

연습)____.

3. **'동+는데, 형+(은)ㄴ데, 명+인데'** 아래 표를 완성하세요.

기본형	동+는데, 형+(은)ㄴ데, 명+인데	기본형	동+는데, 형+(은)ㄴ데, 명+인데
깎다	깎는데	편리하다	
길다*		노력하다	
바쁘다		궁금하다	
편하다		유창하다	
붙이다		친절하다	
예쁘다		방학	

4. **'동+는데, 형+(은)ㄴ데, 명+인데'** 어떤 일의 배경이 되는 상황을 설명하거나 대조하는 상황을 나타내는 문장을 만들고 발표해 보세요.

예) 날씨가 너무 더워서 지치는데 시원한 아이스크림 어때요?

연습)____.

■ **꼭 외우기** 한국어는 조금 어려운데 재미있어요. 한국어가 재미있죠?
새처럼 하늘을 날고 싶어요.

활동1 듣고 말하기

1. 다음을 잘 듣고 질문에 답을 하세요.

   1) 지금 한국은 어떤 계절이에요?

   ______________________________.

   2) 한국의 봄 날씨는 어때요?

   ______________________________.

   3) 봄에 사람들은 무엇을 해요?

   ______________________________.

   4) 사람들은 왜 마스크를 써요?

   ______________________________.

2. 여러분 나라와 한국은 무엇이 다른지 말해 보세요.

〈보기〉 한국에는 봄, 여름, 가을, 겨울 사계절이 있다.

➜ 한국에는 봄, 여름, 가을, 겨울 사계절이 <u>있는데</u> 우리나라에는 여름과 겨울이 있어요.

1) 한국에는 산이 많다.

➜ ______________________________.

2) 한국에는 24시간 편의점이 많다.

➜ ______________________________.

3) 한국의 유명한 관광지는 제주도이다.

➜ ______________________________.

4) 한국의 겨울은 얼음이 얼고 눈이 온다.

➜ ______________________________.

활동2 읽고 쓰기

1. 다음을 잘 읽고 질문에 답하세요.

안녕하세요? 제 이름은 폰나린입니다.
저는 한국 드라마와 노래를 아주 좋아합니다.
그래서 주말마다 한국어를 배우고 있습니다.
한국어 읽기와 쓰기는 쉬운데 듣기와 말하기는 좀 어렵습니다.
왜냐하면 제 주변에 한국어로 말할 사람이 없기 때문입니다.
주말에 한국어 교실에 오면 선생님이나 친구들과 한국어로 말하지만
기회가 많지 않습니다. 하지만 한국어 공부는 재미있습니다.
계속 열심히 공부해서 앞으로 한국 영화나 드라마를 볼 때 자막 없이 보고 싶습니다.

1) 폰나린은 왜 한국어를 배워요?

→ ______________________________.

2) 폰나린은 왜 한국어 듣기와 말하기가 어렵다고 해요?

→ ______________________________.

3) 폰나린이 한국어 공부를 계속 열심히 하려는 목적은 뭐예요?

→ ______________________________.

2. 여러분의 한국어 공부는 어때요? 한국어 공부의 어려운 점에 대해 써 보세요.

____

____

____

____

______________________________.

한국의 줄임말과 신조어

줄임말 - 단어의 일부분을 줄여 만든 말

1. 꿀잼	'꿀재미'의 준말로, 매우 재미있다. (노잼: 재미없다)
2. 핵인싸	인사이더 중의 인사이더, 중심이 되는 인물
3. 갑분싸	갑자기 분위기 싸해진다.
4. 강추	강하게 추천한다. (비추: 추천하지 않는다)
5. 마기꾼	마스크와 사기꾼을 합친 단어이다. 마스크를 썼을 때와 벗었을 때가 완전히 다르다.
6. 아아	아이스 아메리카노
7. 할말하않	할 말은 많지만 하지 않는다.
8. 소확행	소소하지만 확실한 행복
9. 혼밥	혼자서 밥먹기
10. 맛점	점심 맛있게 드세요.
11. 열공	열심히 공부한다.
12. 학폭	학교 폭력
13. 생방	생방송
14. 생파	생일 파티
15. 인강	인터넷 강의
16. 멘붕	멘탈 붕괴

신조어 - 새로 생긴 말

1. 댕댕이	강아지, 멍멍이
2. 금수저	부자 부모에게서 태어난 사람 (흙수저: 가난한 부모에게서 태어난 사람)
3. 심쿵	놀라거나 설렐 때 심장이 쿵쾅쿵쾅거린다.
4. 핵노잼	몹시 재미가 없다. '핵'은 엄청~, 매우~를 뜻한다.
5. 고구마	답답한 상황
6. 사이다	답답한 상황이 사이다를 마신 것처럼 시원하게 진행되는 것
7. 딸바보	딸을 지극히 사랑하는 사람
8. 눈팅	인터넷 게시글에 댓글은 달지 않고 보기만 한다.
9. 생얼	화장을 하지 않은 얼굴
10. 얼짱	얼굴이 예쁘거나 잘생긴 사람 (몸짱: 몸매가 좋은 사람)
11. 넘사벽	너무 뛰어나서 넘을 수 없다는 의미
12. 깐부	친한 친구, 짝꿍

19과

약속 시간을 지켜야 해요

주제 생활 예절
어휘 생활 예절 관련
문법 동/형+아/어/해야 하다(되다)
명사+말고 동/형
동/형+(을)ㄹ 것 같다
복습 문법 패턴 연습
문장 만들기
활동 생활 예절에 대해 말하고 쓰기
문화 일상생활 에티켓과 네티켓

라 울: 카인 씨, 지금 어디예요? 오고 있어요? 약속 시간이 다 되었어요.
카 인: 미안해요. 지금 버스 안이에요. 길이 너무 많이 막혀서 늦을 것 같아요.
라 울: 퇴근 시간은 도로가 항상 복잡해요. 그래서 버스 말고 지하철을 타야 해요.
카 인: 몰랐어요. 빨리 갈게요. 조금만 기다려 주세요.
라 울: 다음부터는 늦으면 미리 전화해 주세요.
카 인: 네, 그럴게요.

발음

약속 시간이[약쏙시가니] 복잡해요[복짜패요] 갈게요[갈께요]
막혀서[마켜서] 지하철을[지하처를] 그럴게요[그럴께요]
늦을 것[느즐껃] 몰랐어요[몰라써요]

어휘

전화 벨소리 진동(매너 모드)

무음

친절하다/ 불친절하다

줄을 서다/ 질서를 지키다

인사하다

(어른 앞에서) 담배를 피우다

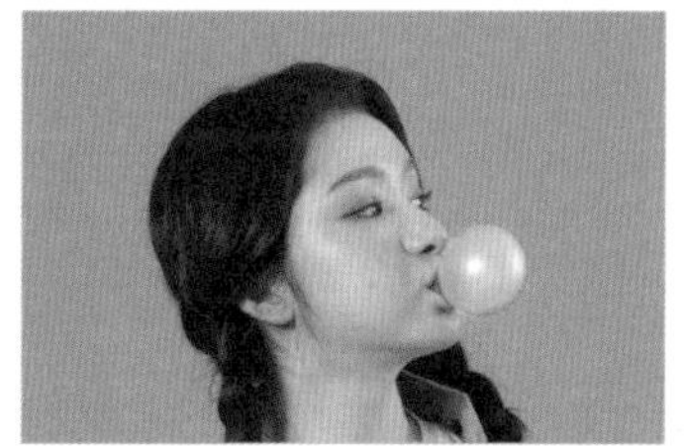

소리를 내서 껌을 씹다

손가락질을 하다

트림을 하다/ 코를 풀다

방귀를 뀌다

쓰레기를 버리다

침을 뱉다

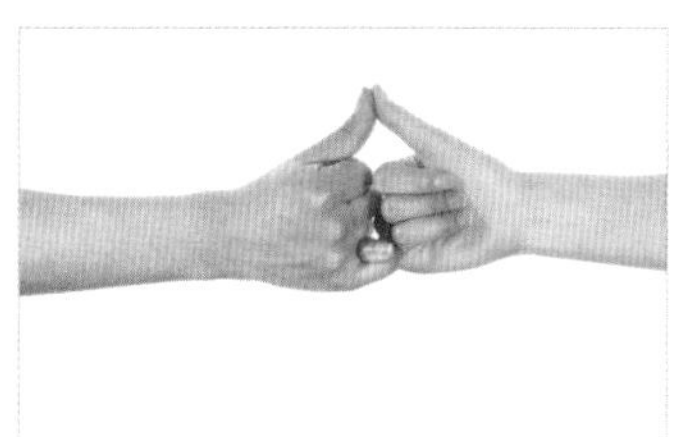

약속을 지키다/ 어기다

싸우다

사과하다/ 화해하다

문법 1

동사/형용사 + 아/어/해야 되다(하다):
어떤 일을 꼭 할 의무나 필요가 있을 때 사용해요.

ㅏ, ㅗ ○ + 아야 되다	ㅏ, ㅗ × + 어야 되다	하다 → 해야 되다
가다 → 가야 되다	크다 → 커야 되다*	일하다 → 일해야 되다
알다 → 알아야 되다	먹다 → 먹어야 되다	말하다 → 말해야 되다
참다 → 참아야 되다	듣다 → 들어야 되다*	공부하다 → 공부해야 되다
만나다 → 만나야 되다	지키다 → 지켜야 되다	친절하다 → 친절해야 되다

- 퇴근 전까지 이 일을 다 끝내야 돼요.
- 시청 앞에서 한 번 갈아타야 해요.
- 오늘은 집에 일찍 가야 돼요.
- 늦어서 지금 나가야 돼요.
- 약을 먹고 푹 쉬어야 해요.
- 주말에 청소를 해야 돼요.

연습 1. 〈보기〉와 같이 문장을 완성하세요.

〈보기〉 월요일부터 금요일까지 학교에 **가야 돼요.** (가다)

1) 여기서 친구를 ______________________. (기다리다)

2) 건강을 위해서 아침을 꼭 ______________________. (먹다)

3) 농구 선수가 되려면 키가 ______________________. (크다)

4) 아이는 부모님 말씀을 잘 ______________________. (듣다)

5) 회사에 일이 많아서 주말에도 ______________________. (일하다)

■ 꼭 알아두기 **'동,형 + 았/었/했어야 되다(하다)'**와 같은 과거의 표현은 꼭 필요했는데 하지 못 했음을 후회하거나 아쉬워하는 표현이에요.

화가 나도 <u>참아야</u> 돼요.(의무, 필요)	화가 나도 <u>참았어야</u> 돼요.(의무, 필요+후회/아쉬움)

예) 내가 미리 <u>말했어야 했는데</u> 못 해서 미안해요.

(꼭 말해야 하는 일이었는데 하지 못 해서 후회하거나 아쉬워해요)

시험에 합격하려면 열심히 <u>공부했어야 하는데</u>...

(열심히 공부하지 않아서 후회해요)

문법 2 명사 + 말고 : 명사 이외의 것이나, '아니다'라는 부정을 나타낼 때 사용해요.

- 엄마 말고 아빠
- 여기는 너무 시끄러우니까 여기 말고 저기로 가요.
- 이것 말고 딴것을 보여 주세요.
- 우리 회사에 나 말고 다른 직원은 없다.

연습 1. 〈보기〉와 같이 대화을 완성하세요.

〈보기〉 저는 **공부 말고** 다 잘 해요. (공부)

1) 고등학교를 졸업하면 ____________________ 직장에 들어갈 거예요. (대학교)

2) 이 가게는 너무 비싸니까 ____________________ 다른 가게로 가요. (여기)

3) 저는 ____________________ 햄버거를 먹을게요. (피자)

4) ____________________ 다른 것은 없어요? (이것)

5) 저는 ____________________ 다 잘 먹어요. (고기)

6) 저는 ____________________ 다른 꿈은 없어요. (의사가 되는 것)

7) 저는 ____________________ 다른 운동은 잘 못 해요. (축구)

8) 늦었으니까 ____________________ 택시를 타요. (버스)

■ 꼭 알아두기 **'명사(이/가) + 아니고'** 도 명사를 부정할 때 사용해요.

<보기> 거짓말이 아니고 진짜예요. (거짓말)

1) ________________ 현실이에요. (꿈)

2) 한국의 수도는 ________________ 서울이에요. (제주도)

3) 저 분은 ________________ 선생님이세요. (학생)

4) 이것은 ________________ 소금이에요. (설탕)

문법 3

동사/형용사 + (을)ㄹ 것 같다 : 추측을 나타낼 때 사용해요.

받침 ○ + 을 것 같다	받침 ×, ㄹ받침, 이다/아니다 + ㄹ 것 같다
먹다 → 먹을 것 같다	오다 → 올 것 같다
있다 → 있을 것 같다	하다 → 할 것 같다
많다 → 많을 것 같다	맵다* → 매울 것 같다
갔다 → 갔을 것 같다	학생이다 → 학생일 것 같다

- 날씨가 흐리네요. 곧 비가 올 것 같아요.
- 김치가 너무 빨개요. 매울 것 같아요.
- 길이 너무 막혀서 늦을 것 같아요.
- 다음 주는 일이 많아서 바쁠 것 같아요.

연습 1. 〈보기〉와 같이 쓰세요.

〈보기〉 가방이 정말 예쁘네요. 그런데 좀 **비쌀 것 같아요.** (비싸다)

1) 오늘은 좋은 일이 ______________________. (생기다)

2) 지금은 집에 아무도 ______________________. (없다)

3) 미안해요. 오늘은 바빠서 시간이 ______________________. 내일은 어때요? (안 되다)

4) 이 선물을 받으면 틀림없이 ______________________. (좋아하다)

5) 5월쯤이면 예쁜 꽃이 ______________________. (피다)

6) 이 식당은 맛집이어서 자리가 ______________________. (없다)

7) 회사에 일이 많아서 주말에도 ______________________. (출근하다)

8) 1시간 안으로 ______________________. (끝나다)

9) 소금을 너무 많이 넣어서 ______________________. (짜다)

10) 오늘 커피를 많이 마셔서 잠이 안 ______________________. (오다)

■ **꼭 알아두기** 동사와 형용사, 명사의 과거, 현재, 미래를 추측하는 표현을 비교해 보세요.

동사	과거	현재	미래
	동 + (은)ㄴ 것 같다	**동 + 는 것 같다**	**동 + (을)ㄹ 것 같다**
보다	본 것 같다	보는 것 같다	볼 것 같다
웃다	웃은 것 같다	웃는 것 같다	웃을 것 같다
하다	한 것 같다	하는 것 같다	할 것 같다

1) 아까 그 사람이 그렇게 ______________________. (말하다)

2) 두 사람이 어제 ______________________. (싸우다)

3) 전화를 안 받네요. 아마 지금 ______________________. (자다)

4) 창밖의 나뭇잎이 흔들리는 것을 보니까 바람이 ______________________. (불다*)

형용사	과거	현재	미래
	형 + 았/었/했던 것 같다	**형 + (은)ㄴ 것 같다**	**형 + (을)ㄹ 것 같다**
행복하다	행복했던 것 같다	행복한 것 같다	행복할 것 같다

1) 그 때가 내 인생에서 가장 ______________________. (행복하다)

2) 매일 야근하는 것을 보니 회사일이 ______________________. (많다)

3) 방이 너무 작아서 ______________________. (불편하다) 다른 집을 보여 주세요.

4) 어렸을 때는 ______________________. (통통하다)

명사+이다	과거	현재	미래
	명 + 이었던 것 같다	**명 + 인 것 같다**	**명 + 일 것 같다**
선생님	선생님이었던 것 같다	선생님인 것 같다	선생님일 것 같다

1) 교복을 입은 것을 보니 ______________________. (학생)

2) 그림을 잘 그리는 것을 보니 ______________________. (화가)

3) 이 사진은 제주도에서 찍은 ______________________. (사진)

4) 그 사람이 한 말은 모두 ______________________. (거짓말)

복 습

1. **'동/형+아/어/해야 되다(하다)'** 아래의 표를 완성하세요.

기본형	동,형+아/어/해야 되다(하다)	기본형	동,형+아/어/해야 되다(하다)
멈추다	멈춰야 돼요(해요)	참석하다	
마시다		돌아가다	
배우다		합격하다	
이기다		취직하다	

2. **'동/형+아/어/해야 되다(하다)'** 의무나 필요를 나타내는 문장을 만들고 발표해 보세요.

예) 신호등에 빨간 불이 켜지면 차도 사람도 멈춰야 해요.

연습) ______________________________.

3. **'동/형+았/었/했어야 되다(하다)'** 후회하거나 아쉬워하는 문장을 만들고 발표해 보세요.

예) 집에서 나올 때 우산을 가지고 나왔어야 하는데 깜빡했어요.

연습) ______________________________.

4. **'명사+말고'** 명사를 부정하거나 명사 이외의 뜻을 나타내는 문장을 만들고 발표해 보세요.

예) 일할 때는 전화를 못 받으니까 전화 말고 문자를 보내 주세요.

연습) ______________________________.

5. **'동/형+(을)ㄹ 것 같다'** 추측을 나타내는 문장을 만들고 발표해 보세요.

예) 소화가 안 돼요. 아무래도 과식한 것 같아요.

연습) ______________________________.

■ **꼭 외우기** 약속 시간을 지켜야 해요. 저는 공부 말고 다 잘 해요.
오늘은 좋은 일이 생길 것 같아요.

활동1 듣고 말하기

1. 다음을 잘 듣고 들은 내용과 같으면 ○, 다르면 × 하세요.

1) 다희는 오늘 저녁에 중요한 시험이 있어서 공부해야 돼요. ( )

2) 하안은 주말에 집안일을 할 거예요. ( )

3) 다희는 높은 산을 등산하는 것은 힘들 것 같다고 생각해요. ( )

4) 다희는 하안과 산에 올라가서 맑은 공기를 마시고 멋있는 경치를 볼 거예요. ( )

5) 다희는 노아한테 전화할 거예요. ( )

2. 여러분이 이번 주에 꼭 해야 할 일들에 대해 〈보기〉와 같이 친구와 이야기해 보세요.

〈보기〉 가: 마리 씨. 오늘 바빠요?
나: 네, 조금요. 오전에는 집안일을 해야 하고, 오후에는 한국어 교실에 가야 하고, 저녁에는 친구 생일 파티에 가야 해요.
가: 그럼 우리 언제 만나면 좋을까요?
나: 오늘 말고 내일 점심 때 맛집에서 같이 밥 먹고 카페에 가는 건 어때요?
가: 네, 그게 좋을 것 같아요. 그럼 내일 만나요.

1) 여러분이 오늘이나 내일 꼭 해야 할 일은 무엇인가요?

2) 여러분은 주말에 날씨가 좋으면 무엇을 할 것 같아요?

tip

'ㄴ' 첨가 발음

받침 + **이,야,여,요,유** → 받침 + **[니,냐,녀,뇨,뉴]**

예) 꽃잎[꼰닙], 한여름[한녀름], 나뭇잎[나문닙], 식용유[시공뉴], 두통약[두통냑]

연습) 집안일[ ] 수학여행[ ]

콩잎[ ] 맨입[ ]

활동2 읽고 쓰기

1. 다음을 잘 읽고 질문에 답하세요.

저는 매주 토요일 오후 2시에 한국어 교실에서 친구들과 한국어를 공부합니다. 한국어 선생님은 강나미 선생님이십니다. 선생님은 한국어를 쉽고 재미있게 잘 가르치십니다. 우리 한국어 교실에는 몇 가지 규칙이 있습니다. 먼저, 수업 시간에는 핸드폰을 진동이나 무음모드로 설정해야 합니다. 수업 시간에 핸드폰 벨소리가 울리면 수업에 방해가 되기 때문입니다. 또, 선생님이 주신 숙제는 수업 전까지 꼭 해야 하고, 모르는 단어가 있으면 미리 찾아 와야 합니다. 그리고 다같이 책을 읽을 때도 큰 소리로 읽어야 합니다. 처음에는 부끄러워서 작은 소리로 읽었는데 선생님께서 작은 소리 말고 큰 소리로 읽으면 자신감이 생기고 발음 연습에도 좋다고 하셔서 이제는 우리 반에서 제일 크게 읽습니다. 그 후로 정말로 자신감이 생기고 발음도 예전보다 좋아졌습니다. 앞으로도 계속 즐겁게 공부해서 한국어능력시험에 도전하고 싶습니다. 지금처럼 열심히 공부한다면 꼭 합격할 것 같습니다.

1) 마리의 한국어 수업 시간은 언제인가요?

➔ ______________________________.

2) 한국어 교실의 규칙을 모두 써 보세요.

➔ ______________________________

____

______________________________.

3) 마리는 앞으로 무엇을 하고 싶어요?

➔ ______________________________.

2. 여러분은 일상생활 속에서 어떤 생활 예절을 지키고 있어요?
'-아/어/해야 하다(되다)' 문법을 사용하여 아래에 써 보세요.

____

____

____

____

일상생활에서의 에티켓 표현과 네티켓

지켜야 할 네티켓

네티켓은 네트워크(network)와 에티켓(etiquette)의 합성어입니다. 즉, 네티즌이 인터넷이라는 가상의 공간에서 서로가 지켜야 할 예절을 말합니다. 네티켓을 지키면 사이버 폭력을 예방할 수 있습니다. 그러므로 이메일을 보내거나 글을 올릴 때, 채팅, 게임 등을 할 때, 자료를 다운로드받거나 공유할 때는 네티켓을 반드시 지켜야 합니다.

1. 게시판이나 대화방, 토론방에서 나와 생각이 다르다고 비난이나 욕을 하면 안 됩니다.
2. 악플(악성 댓글)을 달면 안 됩니다.
3. 사실이 아닌 가짜 뉴스를 퍼뜨리면 안 됩니다.
4. 다른 사람의 창작물을 불법 다운로드나 불법 공유를 하면 안 됩니다.
5. 다른 사람의 창작물을 이용할 때는 간단한 감사의 인사를 합니다.
6. 인터넷의 공간에서도 상대방을 배려하고 존중해야 합니다.

지켜야 할 에티켓

만나면 인사해요.

약속에 늦거나 잘못했을 때 사과해요.

도움을 받았을 때 감사해요.

실수했을 때 인정하고 사과해요.

공공장소에서 질서를 잘 지켜요.

공공장소에서 금연해요.

20과
열심히 노력하면 꿈을 이룰 수 있어요

주제 꿈
어휘 취미와 특기 관련
문법 동사+(으)면 좋겠다
동사+(을)ㄹ 수 있다/없다
동사+(을)ㄹ 줄 알다/모르다

복습 문법 패턴 연습
문장 만들기
활동 미래 계획 세우고 표현하기
문화 한국인이 희망하는 직업

노 아: 다희 씨, 요즘 얼굴 보기가 힘드네요. 많이 바빠요?
다 희: 네, 피트니스 트레이너가 되고 싶어서 매일 운동하면서 근육도 만들고 자격증도 따려고 공부하고 있어요.
노 아: 얼마나 오래 헬스장에 다녔어요?
다 희: 6개월쯤 되었어요.
노 아: 그래요? 와, 대단해요.
다 희: 노아 씨는 앞으로 무슨 일을 하고 싶어요?
노 아: 저는 한국어 선생님이 되면 좋겠어요.
다 희: 노아 씨는 한국어를 잘 하니까 분명히 좋은 선생님이 될 수 있을 거예요.

발음

되고 싶어서[되고시퍼서]
근육도[그뉵또]
자격증을[자격쯩을]
다녔어요[다녀써요]
헬스장에[헬쓰장에]
6개월[육깨월]
한국어[한구거]
좋겠어요[조케써요]
좋은[조은]

취미와 특기 관련

어휘

요리를 좋아하다

운동을 잘 하다

노래를 잘 부르다

글을 잘 쓰다

컴퓨터 활용 능력이 좋다

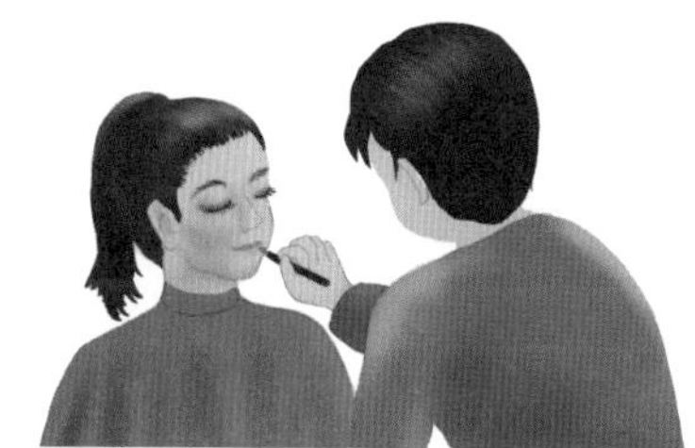

꾸미는 것을 좋아하다

기계를 만지는 것을 좋아하다

컴퓨터 게임을 잘 하다

프로그램을 개발하다

정치에 관심이 많다

언어에 관심이 많다

사람의 마음에 관심이 많다

사업에 관심이 많다

사진을 잘 찍다

자유로운 일이 좋다

로봇에 관심이 많다

커피를 좋아하다

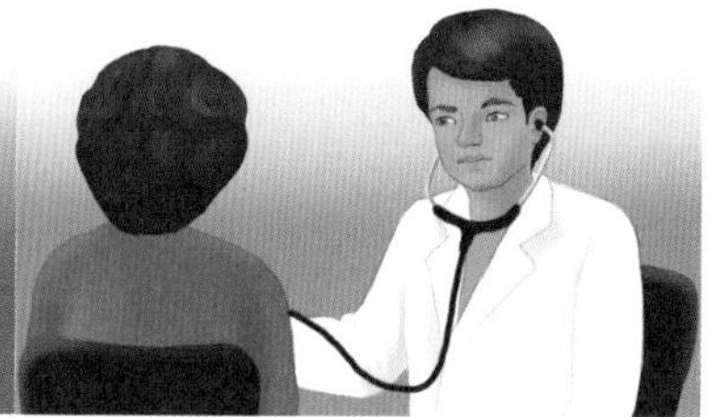

아픈 사람을 돕고 싶다

문법 1 동사/형용사 + (으)면 좋겠다 : 소망이나 바람을 나타낼 때 사용해요.

받침 ○ + 으면 좋겠다	받침 ×, ㄹ받침, 이다/아니다 + 면 좋겠다
있다 → 있으면 좋겠다	가다 → 가면 좋겠다
많다 → 많으면 좋겠다	되다 → 되면 좋겠다
듣다* → 들으면 좋겠다	만들다* → 만들면 좋겠다
낫다* → 나으면 좋겠다	성공하다 → 성공하면 좋겠다
잘 했다 → 잘 했으면 좋겠다	선생님 → 선생님이면 좋겠다

- 내일은 제 생일이니까 선물을 많이 받으면 좋겠어요.
- 이번 시험에 꼭 합격하면 좋겠어요.
- 이번 주말에 등산할 건데 날씨가 좋았으면 좋겠어요.
- 돈이 있으면 노트북을 사면 좋겠어요.

연습 1. 〈보기〉와 같이 쓰세요.

〈보기〉 제주도에 한번 **가면 좋겠어요.** (가다)

1) 감기가 빨리 ______________________. (낫다)

2) 자동차 운전을 ______________________. (배우다)

3) 그녀가 내 ______________________. (여자친구)

4) 한국어를 잘 ______________________. (하다)

5) 비가 그만 ______________________. (오다)

6) 하루 빨리 좋은 직장에 ______________________. (취업하다)

7) 소원이 꼭 ______________________. (이루어지다)

8) 내년에는 우리 회사도 월급이 좀 ______________________. (오르다)

9) 하루빨리 ______________________ . (어른이 되다)

10) 우리 집이 ______________________. (슈퍼마켓)

문법 2 동사 + (을)ㄹ 수 있다/없다 : 어떤 일을 할 능력이 있거나 가능할 때 사용해요.
능력이 없거나 가능하지 않으면 '-을 수 없다'를 사용해요.

받침 ○ + 을 수 있다/없다	받침 ×, ㄹ받침 + ㄹ 수 있다/없다
먹다 → 먹을 수 있다/없다	가다 → 갈 수 있다/없다
믿다 → 믿을 수 있다/없다	열다* → 열 수 있다/없다
걷다* → 걸을 수 있다/없다	하다 → 할 수 있다/없다
찾다 → 찾을 수 있다/없다	도와주다 → 도와줄 수 있다/없다

- 너무 더워서 잠을 잘 수 없어요.
- 짐이 너무 무거워서 들 수 없어요.
- 저는 한국어로 쓰고 말할 수 있어요.
- 다른 약속이 있어서 오늘은 만날 수 없어요.

연습 1. 〈보기〉와 같이 문장을 완성하세요.

〈보기〉 포기하지 않고 열심히 노력하면 꿈을 **이룰 수 있어요**. (이루다)

1) 열쇠를 잃어버려서 집에 ______________________. (들어가다)

2) 이렇게 많은 사람들 속에서 그 사람을 ______________________? (찾다)

3) 한국어로 자기소개를 ______________________? (하다)

4) 카인 씨, 지금 ______________________. (통화하다)

5) 백화점에서는 물건 값을 ______________________. (깎다)

6) 오늘 야근이 있어서 일찍 ______________________. (퇴근하다)

7) 다리를 다쳐서 ______________________. (걷다)

8) 안나야, 토요일에 같이 ______________________? (놀다)

9) 나는 도무지 너의 말을 ______________________. (믿다)

10) 열심히 일하면 ______________________. (승진하다)

문법 3 동사 + (을)ㄹ 줄 알다/모르다 : 어떤 일을 할 능력이나 방법을 말할 때 사용해요.

받침 ○ + 을 줄 알다/모르다	받침 ×, ㄹ받침 + ㄹ 줄 알다/모르다
먹다 ➔ 먹을 줄 알다/모르다	쓰다 ➔ 쓸 줄 알다/모르다
읽다 ➔ 읽을 줄 알다/모르다	고치다 ➔ 고칠 줄 알다/모르다
짓다 ➔ 지을 줄 알다/모르다	만들다* ➔ 만들 줄 알다/모르다
걷다* ➔ 걸을 줄 알다/모르다	공유하다 ➔ 공유할 줄 알다/모르다

- 저는 페인트를 칠할 줄 알아요.
- 저는 한국어를 할 줄 알아요.
- 저는 농사를 지을 줄 알아요.
- 노아 씨, 제 핸드폰 벨소리를 바꾸고 싶어요. 혹시 바꿀 줄 알아요?

연습 1. 〈보기〉와 같이 문장을 완성하세요.

〈보기〉 저는 망치로 못을 **박을 줄 알아요.** (박다)

1) 라울 씨, 이 기계 ______________________? (사용하다)

2) 마리 씨는 운전면허증이 아직 없어서 ______________________. (운전하다)

3) 다희 씨는 술을 ______________________. (마시다)

4) 노아 씨는 한국어를 ______________________ 한국어 선생님이 되면 좋겠어요. (하다)

5) 성호 씨는 컴퓨터 박사라서 컴퓨터를 잘 ______________________. (다루다)

6) 하안 씨, 한국음식 ______________________? (만들다)

7) 저는 태권도를 ______________________. 앞으로 기회가 있으면 배우고 싶어요. (하다)

8) 우리나라는 여름만 있어서 저는 스키를 ______________________. (타다)

■ **꼭 알아두기 '동사/형용사+(을)ㄹ 줄 알다/모르다'**

'동/형+(을)ㄹ 줄 알다'는 어떤 사실을 잘못 알았을 때 사용해요.

'동/형+(을)ㄹ 줄 모르다'는 사실이나 상태를 나타내고 '알았다, 몰랐다'처럼 과거형으로 나타내요.

친구가 한국에 일하러 갈 줄 몰랐어요. (친구가 한국에 일하러 갔다)
우리 아버지가 이렇게 땅이 많을 줄 몰랐어요. (우리 아버지가 땅이 많다)
우리 아이는 게임에 관심이 없을 줄 알았어요. (우리 아이는 게임에 관심이 있다)

복 습

1. **'동/형+(으)면 좋겠다'** 아래의 표를 완성하세요.

기본형	동/형+(으)면 좋겠다	기본형	동/형+(으)면 좋겠다
유학하다	유학하면 좋겠어요	취업하다	
(꿈을) 이루다		진학하다	
(자격증을) 따다		건강하다	

2. **'동/형+(으)면 좋겠다'** 소망이나 바람을 나타내는 문장을 만들고 발표해 보세요.

예) 목이 마르니까 물을 마시면 좋겠어요.

연습) ______________________________.

3. **'동사+(을)ㄹ 수 있다/없다'** 어떤 일을 할 능력과 가능성이 있는(없는) 문장을 만들고 발표해 보세요.

예) 매일 규칙적인 운동과 건강한 식생활을 하면 질병을 예방할 수 있어요.

연습) ______________________________.

4. **'동사+(을)ㄹ 줄 알다/모르다'** 어떤 일을 할 능력, 방법을 나타내는 문장을 만들고 발표해 보세요.

예) 우리 학교 애들은 거의 다 오토바이를 탈 줄 알아요.

연습) ______________________________.

5. **'동/형+(을)ㄹ 줄 알다/모르다'** 어떤 사실, 상태를 말하는 문장을 만들고 발표해 보세요.

예) 나는 그 두 사람이 결혼할 줄 몰랐어요.

연습) ______________________________.

■ **꼭 외우기** 열심히 노력하면 꿈을 이룰 수 있어요.
한국어를 잘 하면 좋겠어요.
운전할 줄 알아요.

활동1 듣고 말하기

1. 다음을 잘 듣고 질문에 알맞은 답을 하세요.

1) 노아의 꿈은 뭐예요?

______________________________.

2) 노아는 왜 한국어 선생님이 되고 싶어요?

______________________________.

3) 한국어 선생님이 되려면 어떻게 해야 돼요?

______________________________.

4) 노아는 제일 먼저 무엇에 도전할 거예요?

______________________________.

2. 여러분이 직업을 선택할 때 제일 중요하게 생각하는 것은 뭐예요?

직업을 고를 때의 기준
돈을 많이 벌 수 있는 직업
힘들지 않고 쉽게 일할 수 있는 직업
즐겁고 재미있게 일할 수 있는 직업
오랫동안 안정적으로 일할 수 있는 직업
혼자 일할 수 있는 직업
다른 사람들과 함께 할 수 있는 직업
다른 사람들에게 도움이 되는 보람 있는 직업
힘들어도 배움과 발전이 있는 직업
그 외의 나의 기준 :

1) 위의 표를 보고 여러분이 중요하게 생각하는 대로 번호를 표시해 보세요.

2) 그 외의 나의 기준이 있다면 위의 표 안에 써 넣어 보세요.

3) 직업을 선택할 때 중요하게 생각하는 기준의 이유를 친구와 함께 말해 보세요.

활동2 읽고 쓰기

1. 다음을 잘 읽고 질문에 답하세요.

여러분은 앞으로 무엇이 되고 싶습니까? 아직까지 명확한 꿈이 없다면 먼저, 내가 무엇을 좋아하고 무엇을 잘 하는지 생각해 보세요. 예를 들어, 운동을 좋아하고 잘하면 운동과 관련된 직업을 선택할 수 있어요. 컴퓨터를 좋아하고 잘 다루면 컴퓨터 프로그래머같은 직업도 있어요. 누구에게 가르치는 일을 좋아하면 선생님이 될 수도 있어요. 그 외에 사람들에게 물건을 파는 일과 같은 서비스 일을 좋아한다면 서비스 업종에 취업하거나 자기 가게를 열 수도 있어요. 다음으로는 내가 잘 할 수 있는 일과 할 줄 아는 일을 노트에 정리하고, 그 중에서 내가 가장 하고 싶은 일은 무엇인지 찾아보세요. 목표를 세우고 최선을 다하면 누구든지 꿈을 이룰 수 있습니다.

1) 아직 꿈이 없어요. 제일 먼저 어떻게 하면 좋을까요?

______________________________.

2) 내가 무엇을 좋아하고 무엇을 잘 하는지 생각해 본 다음에는 어떻게 할까요?

____

______________________________.

2. 여러분은 앞으로 어떤 일을 하면 좋겠어요? 하고 싶은 일들로 여러분의 인생을 계획해 보세요.

10대	
20대	
30대	
40대	
50대	
60대	
70대 이후	

한국인이 희망하는 직업

사람들은 꿈꾸는 직업을 갖기 위해 노력합니다. 하지만 실제로 희망하는 직업을 갖는 사람(21.3%)보다 현실을 고려한 직업을 선택하는 사람(78.7%)들이 훨씬 더 많습니다. 다음은 2020년 전국 성인남녀를 대상으로 실시한 '지금 가장 가지고 싶은 직업'에 대한 설문조사 결과입니다.

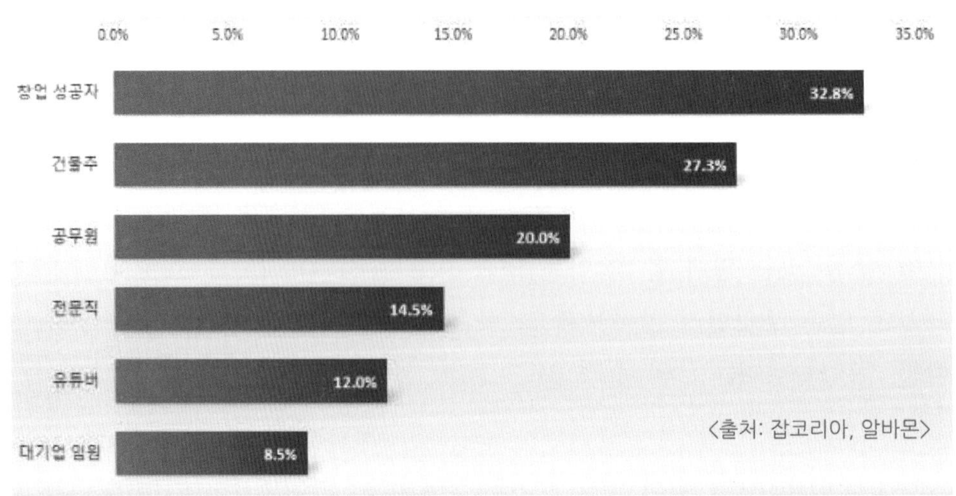

1. 창업 성공자(32.8%)
2. 건물주(27.3%)
3. 공무원(20.0%)
4. 전문직(14.5%)
5. 유튜버(12.0%)
6. 대기업 임원(8.5%)

한국의 2030 직업 선택 조건 TOP5

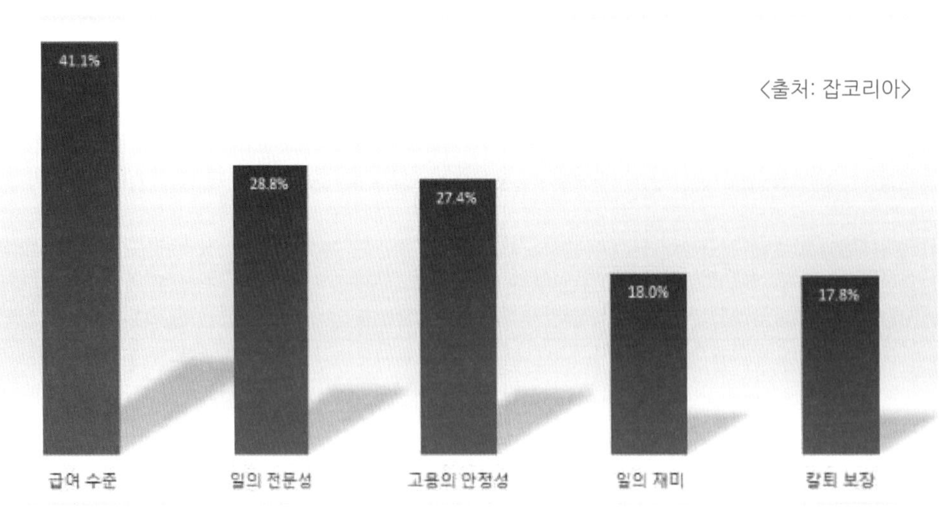

1. 급여 수준(41.1%)
2. 일의 전문성(28.8%)
3. 고용의 안정성(27.4%)
4. 일의 재미(18.0%)
5. 칼퇴 보장(17.8%)

강남 한국어 초급

듣기 지문

모범 답안

듣기 지문

1과

폰나린: 안녕하세요? 저는 폰나린이에요.
마　리: 네, 안녕하세요? 저는 마리예요.
폰나린: 마리 씨는 어느 나라에서 왔어요?
마　리: 저는 필리핀에서 왔어요. 폰나린 씨는 어느 나라에서 왔어요?
폰나린: 저는 태국에서 왔어요. 만나서 반가워요.
마　리: 지금 어디에 살아요?
폰나린: 저는 지금 서울에 살아요.

2과

여기는 제 방이에요. 방에는 책상과 의자가 있어요. 침대와 옷장도 있어요. 텔레비전과 에어컨은 없어요. 컴퓨터도 없어요. 컴퓨터는 거실에 있어요.

3과

1. 식탁 위에 물 컵이 있습니다.
2. 필통 안에 연필이 있습니다.
3. 침대 오른쪽에 가방이 있습니다.

4과

저는 폰나린이에요. 저는 지금 학교에 가요. 학교에서 한국어를 공부해요. 주말에는 친구를 만나요. 친구와 함께 도서관에 가요. 도서관에서 책을 빌려요. 그리고 시내에 가요. 시내에서 쇼핑을 해요.

5과

월요일에 저는 회사에 가요. 회사에서 열심히 일을 하겠어요. 화요일에 저는 식당에서 친구와 함께 저녁 식사를 하겠어요. 수요일 아침에 저는 공원에서 운동하겠어요. 목요일에 저는 시장에 가요. 시장에서 과일을 사겠어요. 금요일에 저는 쇼핑을 하겠어요. 백화점에서 신발을 사겠어요. 토요일에 저는 한국어교실에 가서 한국어를 배우겠어요. 일요일에 저는 집에서 대청소를 하겠어요.

6과

1. 1) 이 책 한 권에 얼마예요? 18.000원이에요.
   2) 아줌마, 당근 두 개하고 오이 네 개 주세요.
2. 1)가: 라면이 얼마예요?
   나: 하나에 1,200원이에요.
   2)가: 아저씨, 물 한 병 주세요. 얼마예요?
   나: 800원이에요.
   3)가: 이 비누는 얼마예요?
   나: 1,500원이에요.
   4)가: 인형이 너무 예뻐요. 얼마예요?
   나: 12,000원이에요.
   5)가: 아저씨, 가위 하나 주세요. 얼마예요?
   나: 1,750원이에요.
   6)가: 여기요, 이 티셔츠 주세요. 얼마예요?
   나: 23,000원이에요.

7과

1. 1) 마리가 빨래를 널고 있어요.
   2) 라울 씨가 운동하고 있어요.
   3) 할머니께서 tv를 보고 계세요.

8과

오늘은 목요일이에요. 우리 가족은 모두 바빠요. 아빠는 회사에 일하러 가시고, 엄마는 시내에 친구를 만나러 가시고, 저는 내일 시험이라서 도서관에 공부하러 가요. 주말에는 다함께 할머니 댁에 가요. 할머니 댁은 차로 20분쯤 가요.

9과

하안: 라울, 이번 토요일에 시간 있어요?
라울: 네, 시간 있어요. 근데 왜요?
하안: 이번 주 토요일이 제 생일이어서 파티를 해요. 라

울도 오세요.
라울: 몇 시까지 갈까요?
하안: 저녁 6시까지 오세요. 6시에 먼저 밥을 먹고 7시 부터 9시까지 파티를 할 거예요.
라울: 네, 알겠어요. 제가 맛있는 케이크를 사서 갈게요.

10과

1. 마리는 노래를 부르고 저는 기타를 쳤어요. 참 즐거웠어요.
2. 지난 주말에 친구와 함께 등산했어요. 힘들었지만 재미있었어요.
3. 오후에 시내 카페에서 친구를 만났어요. 저는 커피를 마시고 친구는 주스를 마셨어요.

11과

노아: 무엇을 먹을까요?
다희: 떡볶이는 좀 매워요. 김밥을 먹어요.
노아: 무엇을 먹을까요?
다희: 비빔밥 어때요? 비빔밥을 먹어요.
노아: 무엇을 마실까요?
다희: 밥을 먹었으니까 커피를 마셔요.

12과

제 이름은 라울이에요. 이번 주에 저는 좀 바빠요. 요즘 계속 이가 아파서 월요일 오전에는 치과에 갈 거예요. 그리고 화요일과 수요일에는 대학교에서 수업이 있어요. 목요일 오후에는 인도에서 친구가 와요. 그래서 공항에 마중 갈 거예요. 주말에는 친구와 함께 서울구경을 하고 맛있는 한식을 먹을 거예요.

13과

식당주인: 어서 오세요. 이쪽으로 앉으세요.
마　리: 우리 뭐 먹을까요?
폰나린: 이 식당은 비빔밥이 아주 맛있어요. 비빔밥 어때요?
마　리: 네, 그럼 비빔밥으로 해요.
폰나린: 여기요. 우리 비빔밥 두 그릇 주세요.

14과

카인: 요즘 한국의 날씨가 많이 더워졌어요.
다희: 여름이니까 그래요. 카인 고향의 날씨는 어때요?
카인: 러시아의 계절은 봄과 가을이 짧고 겨울이 여름보다 훨씬 더 길어요. 그리고 러시아의 여름은 한국보다 더 시원해요.
다희: 여름에 장마도 있어요?
카인: 아니요, 장마는 거의 없고 천둥번개와 함께 비가 종종 와요.

15과

다음 주 월요일은 제 친구 생일이에요. 그래서 저는 이번 주말에 쇼핑을 할 거예요. 생일 선물로 가방이나 책을 살 거예요. 그리고 제 옷도 살 거예요. 요즘 날씨가 많이 더우니까 짧은 바지나 시원한 흰색 티셔츠를 사고, 편한 샌들도 사고 싶어요.

16과

하　안: 폰나린, 어디에 가요?
폰나린: 아침부터 머리가 아프고 기침이 나서 병원에 가요.
하　안: 저런, 기침이 심해요?
폰나린: 아니요, 심하지는 않아요. 그런데 하안은 어디에 가요?
하　안: 냉장고에 먹을 것이 없어서 시장에 가요. 뭐 필요한 것 있어요? 시장에 가면 사 드릴게요.
폰나린: 아니요, 괜찮아요. 어제 시장에 다녀와서 더 필요한 것이 없어요. 고마워요, 하안.

17과

의사: 어디가 안 좋으세요?
노아: 목이 아프고 열이 나요. 온 몸이 다 아프고요.
의사: 감기 몸살에 걸리셨네요. 기침은 안 하세요?
노아: 기침은 조금 해요. 그런데 콧물이 많이 나요.
의사: 네, 그렇군요. 이 약을 드시고 푹 쉬세요.
노아: 네, 감사합니다.

18과

다희: 마리 씨, 요즘 한국어 공부는 어때요?
마리: 조금 힘든데 재미있어요. 아 참, 한국은 지금 봄이지요?
다희: 네, 추운 겨울이 지나고 따뜻한 봄이 되었어요. 한국의 봄은 날씨가 좋아서 꽃이 많이 피기 때문에 사람들이 꽃구경을 많이 가요.
마리: 사진도 찍고 정말 즐겁겠어요.
다희: 네, 하지만 가끔 미세먼지가 많아서 마스크를 쓰는 사람도 있어요.
마리: 그렇군요. 기회가 되면 꼭 한국에 가보고 싶어요.

19과

하안: 다희 씨, 오늘 저녁에 뭐 할 거예요?
다희: 내일 중요한 시험이 있어서 공부해야 돼요.
하안: 그럼 주말에는 뭐 할 거예요?
다희: 시험도 끝났으니까 주말에는 푹 쉬면서 집안일도 좀 하려고요. 하안은 주말에 뭐 할거예요?
하안: 저는 가까운 산에 등산을 가려고요.
다희: 등산은 힘들지 않아요? 저는 평소에 운동을 하지 않아서 등산은 너무 힘들 것 같아요.
하안: 높은 산 말고 이번에는 가볍게 올라갈 수 있는 산으로 갈 거예요. 산 위에 올라가면 공기도 좋고 산 아래 멋있는 경치도 볼 수 있어요.
다희: 그래요? 그럼 나도 같이 갈까요?
하안: 좋아요. 우리 노아와 라울한테도 물어 봐요. 친구들이 많으면 더 재미있을 것 같아요.
다희: 그럼 나는 노아한테 물어볼게요. 하안은 라울한테 전화해 보세요.

20과

노아: 선생님, 저는 나중에 선생님처럼 멋진 한국어 선생님이 되었으면 좋겠어요.
나미: 그래요? 왜 한국어 선생님이 되고 싶어요?
노아: 저는 외국어 공부가 재미있어요. 그리고 친구들이 모르는 것을 가르쳐 주는 일이 즐거워요. 그런데 한국어 선생님이 되려면 어떻게 해야 돼요?
나미: 우선 한국어 공부를 더 열심히 해서 한국어능력시험 고급 단계에 합격하거나 대학교에서 한국어를 전공해야 해요.
노아: 네, 열심히 노력해서 제일 먼저 한국어능력시험에 도전해 볼게요.
나미: 한국어 공부를 할 때에는 인기 있는 K-pop이나 한국영화와 드라마도 함께 보면서 공부하면 더 재미있게 공부할 수 있을 거예요.
노아: 네, 선생님 감사합니다. 언젠가 멋진 한국어 선생님이 될게요.

모범 답안

1과

명사+예요/이에요

1. 1) 수지예요, 마이클이에요.
   2) 안젤라예요, 노아예요.
   3) 피터예요, 로빈이에요.
3. 1) 예요? 예요. 2) 예요? 이에요.
   3) 이에요? 이에요.
4. 1) 예요 2) 예요 3) 이에요

※꼭. 1. 이에요? 이에요. 2. 예요? 이에요.

명사+에서 왔어요

1. 1) 캄보디아에서 왔어요. 2) 중국에서 왔어요.
   3) 한국에서 왔어요. 4) 어디에서 왔어요?
   5) 하노이에서 왔어요?
2. 1) 제 이름은 라울이에요.
   2) 인도 뉴델리에서 왔어요.
   3) 네, 만나서 반갑습니다.
   4) 서울에 살아요.

※꼭. 1. 모으므로 2. 발으믈 3. 구니니
4. 여느메 5. 오다레 6. 수뷔

명사+은/는

1. 1) 은 2) 은 3) 는 4) 는
2. 1) 은 2) 는 3) 은 4) 는

※꼭. 1. 은, 은 2. 는, 은 3. 은. 은

복습

1. **명사+예요/이에요**

휴지통	휴지통이에요	종이	종이예요
마이크	마이크예요	비닐	비닐이에요
화장품	화장품이에요	우산	우산이에요
플라스틱	플라스틱이에요	여자	여자예요
텔레비전	텔레비전이에요	노인	노인이에요

3. **명사+은/는**

저	저는	형	형은
당신	당신은	친구	친구는
취미	취미는	학교	학교는
나라	나라는	선생님	선생님은
나이	나이는	부모님	부모님은

5. 제 이름은, 어디에서, 나이지리아, 반갑습니다.

듣고 말하기

1. 1) 아니요 2) ① 3) ③

읽고 쓰기

1. 한국에서 왔어요.
2. 지금 하노이에 살아요.

2과

이/그/저

1. 1) 시계예요. 2) 컴퓨터예요.
   3) 가방이에요. 4) 창문이에요.

명사+이/가

1. 1) 이 2) 가 3) 가 4) 이 5) 이 6) 이
2. 1) 냉장고가 2) 신발이
   3) 화장실이 4) 소파가

복습

1. **명사+이/가**

기본형	명사+이/가	기본형	명사+이/가
생활	생활이	일	일이
직업	직업이	공부	공부가
쇼핑	쇼핑이	식당	식당이
노인	노인이	아이	아이가

4. 1) 버스 정류장이에요. 2) 문구점입니다.
   3) 여기가 어디입니까? 4) 저기가 어디예요?

듣고 말하기

1. 1) 방에는 책상과 의자가 있어요.
   2) 방에는 텔레비전과 에어컨이 없어요.
   3) 아니요, 컴퓨터는 거실에 있어요.

읽고 쓰기

1. 1) 네, 거울이 있습니다.
   2) 아니요, 텔레비전이 없습니다.
   3) 방에 침대, 책상, 의자가 있습니다. 그리고 컴퓨터, 시계가 있습니다. 또 시계, 창문, 커튼, 거울, 그림 액자가 있습니다.

3과

장소명사+에 있다/없다

1. 1) 우리 집에 있습니다.
   2) 냉장고에 있습니다.
   3) 가방 안에 있습니다.
   4) 시장 맞은편에 있습니다.
   5) 침대 옆에 있습니다.

-습니다/습니까

1. 1) 갑니다 2) 영화를 봅니다.
   3) 한국어 숙제가 없습니다.

※꼭. 만듭니다, 삽니다

복습

1. **-습니다/습니까**
   1) 날씨가 좋습니다. 2) 돈이 많습니다.
   3) 친구가 있습니다. 4) 동생이 옵니다.
   5) 공기가 나쁩니다. 6) 고민이 있습니다.
   7) 병원이 가깝습니다. 8) 기분이 우울합니다.
2. 입니다. 삽니다. 있습니다. 가깝습니다.
3. 1) 사람이 적습니다. 2) 모르겠습니다.
   3) 질문이 없습니다. 4) 가족입니다.
   5) 집에 계십니다.

듣고 말하기

1. ③ 2. ③ 3. ①

4과

명사+을/를 동사+아/어/해요.

1. 1) 물을 마셔요 2) 요리를 해요
   3) 텔레비전을 봐요 4) 책을 읽어요
2. 1) 머리를 빗어요 2) 양치를 해요
   3) 자전거를 타요 4) 축구를 해요
   5) 친구를 만나요 6) 한국어를 공부해요
   7) 과일을 사요 8) 그림을 그려요

tip. 한구거, 워료일, 이써요, 해써요, 지베 와요, 노라요, 여덜, 말가요, 갑시 싸요, 안자써요, 이브세요, 모기 아파요

명사(어디)+에서

1. 1) 시내에서 친구를 만나요.
   2) 방에서 음악을 들어요.
   3) 학교에서 공부해요.
   4) 시장에서 과일을 사요.
   5) 집 앞에서 엄마를 기다려요.

복습

1. **동사/형용사+아/어/해요', '명사+이에요/예요**
   1) 어디에 가요? 2) 친구와 놀아요.
   3) 꿈이 있어요? 4) 영화가 지루해요.
   5) 공부가 정말 즐거워요. 6) 생일 축하해요.
   7) 부모님과 함께 살아요. 8) 생일이 언제예요?
   9) 선물은 뭐예요? 10) 제 사촌이에요.
2. 1) 도서관에서 책을 빌려요.
   2) 시내에서 쇼핑해요.
   3) 서점에서 한국어 책을 사요.
   4) 은행에서 돈을 찾아요.
   5) 카페에서 커피를 마셔요.
   6) PC방에서 컴퓨터게임을 해요.
   7) 친구가 한국에 가요.
   8) 동생이 유치원에 가요.

듣고 말하기

1. 1) 학교에서 한국어를 공부해요.
   2) 도서관에서 책을 빌려요.
   3) 시내에서 쇼핑을 해요.

읽고 쓰기

1. 1) 마리는 매일 부엌에서 요리를 해요.
   2) 마리의 남편은 회사에서 열심히 일을 해요.
   3) 안나는 학교에서 공부를 하고 친구들과 놀아요.
2. 있어요, 만나요, 마시고, 해요

5과

명사+이/가 아니에요

1. 1) 사과가 아니에요. 2) 꽃이 아니에요.
   3) 할아버지가 아니에요. 4) 치마가 아니에요.

명사(시간)+에

1. 1) 12월 23일에 생일이에요.
   2) 다음 주 화요일에 시험이에요.
   3) 저녁 6시에 저녁을 먹어요.
   4) 아침 8시에 일을 시작해요.
   5) 방학에 여행을 가요.

동사/형용사+겠

1. 1) 재미있겠어요. 2) 힘들겠어요.
   3) 맛있겠어요. 4) 기쁘겠어요.
   5) 하겠어요. 6) 하겠어요.
   7) 전화하겠어요. 7) 도착하겠어요.

복습

1. **명사+이/가 아니에요.**
   1) 우산이 아닙니다. 양산입니다.
   2) 전화기가 아닙니다. 스피커입니다.
   3) 양말이 아닙니다. 신발입니다.
   4) 친구가 아니에요. 후배예요.
2. 기다리겠어요.

듣고 말하기

1. 1) 월요일에 회사에서 일해요.
   2) 시장에서 과일을 사겠어요.
   3) 한국어 교실에서 한국어를 배우겠어요.
   4) 일요일에 집에서 대청소를 하겠어요.
   5) 화요일에 친구와 식당에서 저녁 식사를 하겠어요.

읽고 쓰기

1. 1) 아주 좋아요. 2) ①

6과

명사+에

1. 1) 이 칫솔, 두 개에 2,000원이에요.
   2) 이 공책, 한 권에 1,000원이에요.
   3) 이 운동화, 한 켤레에 24,000원이에요.
   4) 이 옷, 한 벌에 48,000원이에요.
   5) 이 노트북, 한 대에 965,000원이에요.

동사+(으)세요

1. 1) 전화하세요. 2) 자르세요.
   3) 하세요. 4) 주세요.

명사+도

1. 1) 학교에서 친구를 만나요. 그리고 공부도 해요.
   2) 교실에 남학생이 있어요. 그리고 여학생도 있어요.
   3) 집에서 숙제를 해요. 그리고 엄마 심부름도 해요.
   4) 집에서 요리를 해요. 그리고 청소도 해요.
   5) 방학에 바다에 가요. 그리고 수영도 해요.

복습

1. **동사+(으)세요**

기본형	동사+(으)세요	기본형	동사+(으)세요
뛰다	뛰세요	끊다	끊으세요
켜다	켜세요	찢다	찢으세요
감다	감으세요	담다	담으세요
놓다	놓으세요	보내다	보내세요
두다	두세요	말하다	말하세요
버리다	버리세요	만나다	만나세요
팔다	파세요	바꾸다	바꾸세요
살다	사세요	부탁하다	부탁하세요
만들다	만드세요	사랑하다	사랑하세요

듣고 말하기

1. 1) ② 2) ①
2. 1) 1,200원 2) 800원 3) 1,500원
   4) 12,000원 5) 1,750원 6) 23,000원
3. 한 장, 양말, 모자, 아이스크림

읽고 쓰기

1. 1) 토마토 주스 한 병에 3,300원이에요.
   2) 치킨 한 마리에 18,000원이에요.
   3) 과자를 다섯 봉지 사요.
   4) 모두 69,940원이에요.

7과

명사+께서 동/형+(으)세요

1. 1) 아버지세요. 회사에서 일하세요.
   2) 어머니세요. 집에서 청소하세요.
   3) 할아버지세요. 자전거를 고치세요.

동사+고 있다(계시다)

1. 1) 컴퓨터 게임을 하고 있어요.
   2) 한국어 숙제를 하고 있어요.
   3) 음악을 듣고 있어요.
   4) 아르바이트를 하고 있어요.
   5) 친구를 만나고 있어.
   6) 텔레비전을 보고 있었어요.
   7) 방에서 주무시고 계세요.

※꼭. 식사하고 있어요. 식사하는 중이에요

명사+와/과, 하고

1. 1) 가위와 풀이 있어요.
   2) 선생님과 학생이 있어요.
   3) 치킨과 케이크를 먹어요.
   4) 토요일과 일요일에 있어요.

※꼭. 하고(과), 이랑

복습

1. **명사+께서 동사/형용사+(으)시**
   1) ×, ○ 2) ×, ○ 3) ○, ×
   4) ×, ○ 5) ×, ○

2. **동사/형용사 높임말 연습**

기본형	으세요/세요	으십니다/십니다	기본형	으세요/세요	으십니다/십니다
가다	가세요	가십니다	있다	계세요	계십니다
쓰다	쓰세요	쓰십니다	앉다	앉으세요	앉으십니다
믿다	믿으세요	믿으십니다	타다	타세요	타십니다
사다	사세요	사십니다	내리다	내리세요	내리십니다
뽑다	뽑으세요	뽑으십니다	멋있다	멋있으세요	멋있으십니다
들어가다	들어가세요	들어가십니다	한가하다	한가하세요	헌가하십니다
올라가다	올라가세요	올라가십니다	좋아하다	좋아하세요	좋아하십니다
기본형	**이세요/세요**	**이십니다/십니다**	**기본형**	**이세요/세요**	**이십니다/십니다**
선배님	선배님이세요	선배님이십니다	어머니	어머니세요	어머니십니다
사장님	사장님이세요	사장님이십니다	의사	의사세요	의사이십니다
손님	손님이세요	손님이십니다	교수님	교수님이세요	교수님이십니다

3. **명사+과/와, 하고**
   1) 과 2) 와 3) 와 4) 과 5) 와

듣고 말하기

1. 1) ③ 2) ① 3) ①

읽고 쓰기

1. 1) 할아버지와 할머니, 아빠와 엄마, 그리고 제가 있어요.
   2) 할아버지께서는 마당을 쓰세요. 할머니께서는 꽃에 물을 주세요.
   3) 엄마는 집안일을 하세요.

8과

명사+에 가다/오다

1. 1) 시장에 가요. 2) 은행에 가요.
   3) 동생 친구들이 집에 와요.
   4) 한국어 교실에 와요. 5) 마트에 가요.
   6) 박물관에 같이 가요.
   7) 핸드폰 가게에 다녀왔어요.

동사+(으)러 가다/오다

1. 1) 친구들이 놀러 와.
   2) 미용실에 머리를 자르러 가요.
   3) 인도 식당에 법을 먹으러 가.
   4) 센터에 한국어를 배우러 가요.

명사+(으)로

1. 1) 친구 집으로 가요. 2) 지하로 내려가요.
   3) 젓가락으로 먹어요. 4) 서울역으로 가요.
   5) 위층으로 올라가세요.
   6) 제주도로 갈 거예요.

※꼭. 1. 1) 딸기로 2) 쌀로
   3) 벽돌과 시멘트로 4) 콩으로
 2. 1) 교통사고로 2) 폭우로
   3) 과속운전으로
 3. 1) 커피로 2) 김밥으로
   3) 빨간 색으로

복습

1. **동사 + 으러/러 가다/오다**

기본형	동사 + 으러/러 가다/오다	기본형	동사 + 으러/러 가다/오다
만나다	만나러 가다	주다	주러 가다
고치다	고치러 가다	받다	받으러 가다
바꾸다	바꾸러 가다	잡다	잡으러 가다
마시다	마시러 가다	자다	자러 가다
타다	타러 가다	즐기다	즐기러 가다
하다	하러 가다	배우다	배우러 가다
팔다	팔러 가다	찾다	찾으러 가다

4. **명사+(으)로**

명사	으로/ 로	명사	으로/ 로
안/밖	안으로 밖으로	택시	택시로
위/아래	위로/아래로	숟가락	숟가락으로
오른쪽/ 왼쪽	오른쪽으로 왼쪽으로	열쇠	열쇠로
비행기	비행기로	화장실	화장실로

듣고 말하기

1. 1) 회사에 일하러 가세요.
   2) 친구를 만나러 가세요.
   3) 차로 20분쯤 가요.

읽고 쓰기

1. 1) 한국어를 배우러 가요.
   2) 문화센터는 경찰서 옆에 있어요.
   3) 자전거로 10분쯤 가요.

9과

어휘

1) 7시예요. 2) 9시 반이에요.
3) 12시 40분이에요. 4) 3시 10분이에요.
5) 5시 55분이에요. 6) 8시 20분이에요.

명사+부터 ~ 명사+까지

1. 1) 오전 10시부터 12시까지 한국어를 배워요.
   2) 오후 2시부터 3시까지 숙제를 해요.
   3) 머리부터 발끝까지 다 아파요.
   4) 아침 8시부터 저녁 8시까지 영업해요.
   5) 12월부터 2월까지예요.

동사/형용사+지만

1. 1) 저는 머리를 자르지만 엄마는 파마를 해요.
   2) 라울은 학교에 가지만 노아는 회사에 가요.
   3) 한국 음식은 맵지만 맛있어요.
   4) 다희는 한국 사람이지만 카인은 러시아 사람이에요.
   5) 김성호 씨는 회사원이지만 나미 씨는 선생님이에요.

동사+아/어서

1. 1) 꽃을 사서 선물해요.
   2) 카레를 만들어서 다 같이 먹어요.
   3) 센터에 가서 한국어를 공부해요.
   4) 사거리를 지나서 내려요.
   5) 삶아서 먹어요.
   6) 돈을 모아서 여행을 가요.

복습

3. **동사+아/어서**

기본형	동사+아/어서	기본형	동사+아/어서
아기를 낳다	아기를 낳아서	여행을 가다	여행을 가서
물을 끓이다	물을 끓여서	돈을 벌다	돈을 벌어서
고기를 굽다	고기를 구워서	병원에 가다	병원에 가서
학교에 가다	학교에 가서	선물을 사다	선물을 사서
회사에 가다	회사에 가서	친구가 오다	친구가 와서

듣고 말하기

1. 1) 이번 주 토요일이에요.
   2) 생일파티는 7시부터 9시까지예요.
   3) 맛있는 케이크를 사서 가요.

읽고 쓰기

1. 1) 토요일마다 한국 문화 센터에 가요.
   2) 오전 10시부터 12시까지예요.
   3) 라울은 비빔밥을 먹지만 노아는 삼계탕을 먹어요.
   4) 카페에 가서 커피를 마셔요.

10과

동사/형용사+았/었/했

1. 1) 방금 왔어요. 2) 회사 동료를 만났어요.
   3) 엄마와 쇼핑했어요. 4) 라면을 먹었어요.

※꼭. 1) 바빠요 2) 배고팠어요
3) 썼어요 4) 컸어요

안+동사/형용사

1. 1) 안 좋아해요/ 좋아하지 않아요.
   2) 안 좋아해요/ 좋아하지 않아요.
   3) 안 나빠요/ 나쁘지 않아요.

4) 안 어려워요/ 어렵지 않아요.
5) 안 복잡해요/ 복잡하지 않아요.

※꼭. 봐요, 와요

복습

1. **동사/형용사+았/었/했어요**

기본형	동/형+았/었/했어요	기본형	동/형+았/었/했어요
살다	살았어요	빌리다	빌렸어요
떠나다	떠났어요	고프다	고팠어요
심하다	심했어요	그리다	그렸어요
말하다	말했어요	서다	섰어요
일하다	일했어요	넓다	넓었어요
출근하다	출근했어요	웃다	웃었어요
유학하다	유학했어요	헤어지다	헤어졌어요

3. **안+동사/형용사, 동사/형용사+지 않다**

기본형	안+동/형, 동/형+지 않다	기본형	안+동/형, 동/형+지 않다
살다	안 살다 살지 않다	빌리다	안 빌리다 빌리지 않다
떠나다	안 떠나다 떠나지 않다	갚다	안 갚다 갚지 않다
말하다	말 안 하다 말하지 않다	서다	안 서다 서지 않다
심각하다	안 심각하다 심각하지 않다	고프다	안 고프다 고프지 않다

※꼭. 못 잤어요, 자지 못 했어요.
못 먹어요, 먹지 못 했어요.
전화하지 못 했어요.
운전 못 해요, 운전 못 했어요.
운전하지 못 했어요.

※꼭. 봐요, 와요

듣고 말하기

1. 1) ③ 2) ② 3) ③

읽고 쓰기

1. 1) 외식을 했어요.
2) 스파게티와 샐러드, 피자를 먹었어요.
3) 아니요, 커피를 안 마셨어요, 콜라를 마셨어요.

※꼭. 가요, 자요, 켜요, 매요

11과

동사+고

1. 1) 밥을 먹고 약을 먹어요.
2) 이를 닦고 세수해요.
3) 일기를 쓰고 자요.
4) 밥을 먹고 설거지를 해요.

동사+(을)ㄹ까요

1. 1) 영화 볼까요? 2) 도와줄까요?
3) 먹을까요? 4) 만날까요?

※꼭. 밀까요?, 털까요?, 알까요?
만들까요? 팔까요? 살까요?

복습

1. **동사 + (을)ㄹ까요?**

기본형	동사 + (을)ㄹ까요?	기본형	동사 + (을)ㄹ까요?
오다	올까요?	쓰다	쓸까요?
주다	줄까요?	버리다	버릴까요?
덮다	덮을까요?	모이다	모일까요?
주문하다	주문할까요?	사다	살까요?
좋아하다	좋아할까요?	살다	살까요?
출발하다	출발할까요?	놀다	놀까요?
사귀다	사귈까요?	흔들다	흔들까요?

3. 1) 갈까요? 탈까요? 탈까요?
먹을까요? 잘까요?
2) 먹고 3) 하고 4) 나고 5) 끝나고
6) 엔지니어고

듣고 말하기

1. 1) ③ 2) ① 3) ②

읽고 쓰기

1. 1) 청소나 빨래를 하세요.
2) 커피를 마시면서 유튜브를 보세요.

3) 돼지고기가 들어있는 김치찌개예요.
4) 조금 맵지만 아주 맛있어요.

12과

동사+(을)ㄹ 거예요.

1. 1) 주말에 대청소를 할 거예요.
2) 여자 친구와 영화를 볼 거예요.
3) 휴가 때 한국에 갈 거예요.

※꼭. 1) 먹을 거예요. 2) 만났을 거예요.
3) 도착했을 거예요. 4) 괜찮을 거예요.
5) 시끄러울 거예요. 6) 고플 거예요.
7) 추울 거예요. 8) 없을 거예요.
9) 안 좋을 거예요. 10) 힘들었을 거예요.

동사/형용사+아/어/해

1. 1) 했어? 놀았어. 2) 와. 기다려.
3) 어디야? 집이야. 4) 누구야? 여자 친구야.
5) 재미있었어? 재미없었어.
6) 뭐였어? 의사였어.

※꼭. 1. **ㄹ불규칙**

ㄹ불 규칙	**-아요/ 어요**	**-는데/ ㄴ데/은데**	**-습니다 /ㅂ니다**	**-으세요 /세요**
알다	알아요	아는데*	압니다*	아세요*
살다	살아요	사는데	삽니다	사세요
팔다	팔아요	파는데	팝니다	파세요
놀다	놀아요	노는데	놉니다	노세요
밀다	밀어요	미는데	밉니다	미세요
열다	열어요	여는데	엽니다	여세요
길다	길어요	긴데	깁니다	기세요
멀다	멀어요	먼데	멉니다	머세요

연습) 살아요, 사는데, 삽니다, 사세요.

2. **르불규칙**

르불규칙 용언	-으니까/ 니까	-아서 /어서	-아요 /어요	-았어요/ 었어요
고르다	고르니까	골라서	골라요	골랐어요
기르다	기르니까	길러서	길러요	길렀어요
다르다	다르니까	달라서	달라요	달랐어요
모르다	모르니까	몰라서	몰라서	몰랐어요
흐르다	흐르니까	흘러서	흘러요	흘렀어요
부르다	부르니까	불러서	불러요	불렀어요
자르다	자르니까	잘라서	잘라요	잘랐어요
빠르다	빠르니까	빨라서	빨라요	빨랐어요

연습) 부르니까, 불러서, 불러요, 불렀어요

복습

1. **동사+(을)ㄹ 거예요**

기본형	동사+(을)ㄹ 거예요 (계획)	기본형	동/형+(을)ㄹ 거예요 (추측)
되다	될 거예요	크다	클 거예요
만나다	만날 거예요	비싸다	비쌀 거예요
(꿈을) 이루다	이룰 거예요	간단하다	간단할 거예요
진학하다	진학할 거예요	피곤하다	피곤할 거예요
취업하다	취업할 거예요	(관심이) 있다	있을 거예요
결혼하다	결혼할 거예요	무료(이다)	무료일 거예요
성공하다	성공할 거예요	가수(이다)	가수일 거예요

3. 1) 많을 거야. 2) 바빠. 연락해.
3) 사업가야. 4) 했어?
5) 배워. 6) 공부해. 성공할 거야.
7) 갔어? 가? 갈 거야?

듣고 말하기

1. 1) 월요일 오전에는 치과에 갈 거예요.
2) 대학교에서 수업을 할 거예요.
3) 서울 구경을 하고 맛있는 한식을 먹을 거예요.

읽고 쓰기

1. 1) × 2) ○ 3) ○ 4) ×

13과

동사+아/어/해 주다 1.

1. 1) 소리를 줄여 주세요. 2) 돈을 빌려 주세요.
   3) 전화해 주세요. 4) 오전 9시까지 오세요.

동사+(을)ㄹ게요

1. 1) 열심히 공부할게요. 2) 학교에 다녀올게요.
   3) 다이어트를 할게요. 4) 술과 담배를 끊을게요.

복습

1. 동사+아/어/해 주다

기본형	동사+아/어/해 주다	기본형	동사+아/어/해 주다
가다	가 주세요	보다	봐 주세요
사다	사 주세요	치우다	치워 주세요
읽다	읽어 주세요	나가다	나가 주세요
놓다	놓아 주세요	들어오다	들어와 주세요
믿다	믿어 주세요	말하다	말해 주세요
만나다	만나 주세요	배달하다	배달해 주세요
지키다	지켜 주세요	출발하다	출발해 주세요

3. **동사+(을)ㄹ게요**

기본형	동사+(을)ㄹ게요	기본형	동사+(을)ㄹ게요
뜯다	뜯을게요	(물을) 붓다*	부을게요
깎다	깎을게요	닫다	닫을게요
밀다*	밀게요	보내다	보낼게요
걷다*	걸을게요	그리다	그릴게요
타다	탈게요	전달하다	전달할게요
내리다	내릴게요	공부하다	공부할게요
떠나다	떠날게요	예약하다	예약할게요

듣고 말하기

1. 1) ○ 2) ○

읽고 쓰기

1. 1) 배추김치예요.
   2) 긴 겨울 동안 채소를 먹기 위해 만들어졌어요.
   3) 배추김치, 총각김치, 깍두기, 파김치, 물김치, 백김치 등이 있어요.
   4) 김치는 채소를 소금에 절여요. 그리고 고춧가루, 마늘, 양파, 파, 젓갈 등을 넣어 양념해요.

14과

동사/형용사+(으)니(까)

1. 1) 늦었으니까 2) 비가 오니까
   3) 다른 약속이 있으니까 4) 가 보니까
   5) 약을 먹으니까 6) 시간이 없으니까요.
   7) 더우니까 8) 안경을 쓰니까

동사/형용사+아/어/해지다

1. 1) 맛있어졌어요. 2) 더워졌어요. 짧아졌어요.
   3) 따뜻해졌어요. 4) 괜찮아졌어요.
   5) 착해졌어요. 6) 날씬해졌어요.
   7) 짜졌어요. 8) 추워졌어요.

명사+보다 (더/덜)

1. 1) 노는 것보다 공부하는 것이 더
   2) 생선보다 육류를 더 3) 밥보다 빵을 더
   4) 친구보다 더 5) 아빠보다 더
   6) 저보다 더 7) 영어보다 더
   8) 현금보다 더 9) 아까보다 덜

※꼭. 무치다, 끄치다, 마지, 바치

복습

1. **동사/형용사+(으)니까**

기본형	동/형+(으)니까	기본형	동/형+(으)니까
좋다	좋으니까	밉다	미우니까
아프다	아프니까	쉽다	쉬우니까
편하다	편하니까	닦다	닦으니까
나누다	나누니까	웃다	웃으니까
다르다	다르니까	특별하다	특별하니까

2. **동사/형용사+아/어/해지다**

기본형	동/형+아/어/해지다	기본형	동/형+아/어/해지다
넓다	넓어지다	같다	같아지다
없다	없어지다	느끼다	느껴지다
작다	작아지다	예쁘다	예뻐지다
길다	길어지다	행복하다	행복해지다
잊다	잊어지다	익숙하다	익숙해지다

듣고 말하기

1. 1) 한국의 날씨가 많이 더워졌어요.
   2) 여름이니까 더워졌어요.
   3) 러시아의 계절은 봄과 가을이 짧고 겨울이 여름보다 훨씬 더 길어요.
   4) 러시아의 여름은 한국보다 더 시원해요.

읽고 쓰기

1. 1) 한국에는 봄, 여름, 가을, 겨울 사계절이 있어요.

15과

동사+고 싶다

1. 1) 친구들을 많이 사귀고 싶어요.
   2) 부모님께 선물을 사 드리고 싶어요.
   3) 액션영화를 보고 싶어요.
   4) 가족들과 함께 제주도에 가고 싶어요.

명사+(이)나+명사

1. 1) 농구나 축구　　2) 빵이나 쌀국수
   3) 세 시나 네 시　　4) 핸드폰 케이스나 지갑

※꼭. 1) 책을 읽거나　2) 타거나　3) 아프거나
　4) 만나거나　5) 자거나

형용사+(ㄴ)은+명사

1. 1) 싼　2) 편한　3) 시원한　4) 구운
2. 큰, 비싼, 편리한, 쉬운, 깨끗한, 피곤한, 착한, 다른, 먼, 매운

※꼭. 쉬는, 우는, 떠난, 쇼핑할, 읽은, 본

복습

1. **형용사+(은)ㄴ, 있다/없다+는**

기본형	형용사+(은)ㄴ, 있다/없다+는	기본형	형용사+(은)ㄴ, 있다/없다+는
낮다	낮은	어리다	어린
다르다	다른	비슷하다	비슷한
그립다	그리운	신기하다	신기한
놀랍다	놀라운	다양하다	다양한
외롭다	외로운	미안하다	미안한
새롭다	새로운	중요하다	중요한
괴롭다	괴로운	재미있다	재미있는

듣고 말하기

1. 1) 친구 생일은 다음 주 월요일이에요.
   2) 생일 선물로 가방이나 책을 살 거예요.
   3) 짧은 바지나 시원한 흰색 티셔츠를 사고 편한 샌들도 사고 싶어요.

읽고 쓰기

1. 1) 제가 첫 출근을 하는 날이에요.
   2) 이번 주말에 서울백화점에서 쇼핑을 할 거예요.
   3) 정장 치마나 바지를 사고 싶어요. 그리고 낮고 편한 구두도 사고 싶어요.

16과

무슨+명사

1. 1) 무슨 음식을 좋아해요?
   2) 무슨 색을 좋아해요?
   3) 무슨 영화를 좋아해요?
   4) 무슨 계절을 좋아해요?

동사/형용사+아/어/해서

1. 1) 속이 안 좋아서　　2) 길이 막혀서
   3) 집에 손님이 오셔서　4) 너무 바빠서
   5) 살이 쪄서

동사/형용사+(으)면

1. 1) 공부를 하면　2) 사랑하면
   3) 아기가 울면　4) 밤에 무서운 영화를 보면
   5) 열심히 노력하면　6) 며칠 있으면
   7) 로또에 당첨되면　8) 라면을 먹으면

복습

2. **동사/형용사+아/어/해서**

기본형	동/형+아/어/해서	기본형	동/형+아/어/해서
자다	자서	싸다	싸서
살다	살아서	좋다	좋아서
걸리다	걸려서	쉽다	쉬워서
놀라다	놀라서	힘들다	힘들어서
미끄러지다	미끄러워서	시끄럽다	시끄러워서

5. **동사/형용사+(으)면**

기본형	동/형+(으)면	기본형	동/형+(으)면
뛰다	뛰면	받다	받으면
흐리다	흐리면	맵다	매우면
기다리다	기다리면	춥다	추우면
거짓말	거짓말이면	조심하다	조심하면

듣고 말하기

1. 1) 아침부터 머리가 아프고 기침이 나서 병원에 가요.
   2) 냉장고에 먹을 것이 없어서 시장에 가요.
   3) 어제 시장에 다녀와서 더 필요한 것이 없어서 부탁하지 않았어요.

읽고 쓰기

1. 1) 부끄러워요, 고마워요, 힘들어서 그만두고 싶어요.
   2) 한국말을 하나도 몰라서 손짓 발짓을 했어요.
   3) 마리가 포기하지 않고 열심히 공부해줘서 고마워해요.

17과

형용사+아/어/해 보이다

1. 1) 힘들어 보여요. 2) 피곤해 보여요.
   3) 바빠 보여요. 4) 아파 보여요.
   5) 맛있어 보여요. 6) 재미있어 보이니까
   7) 바빠 보이니까 8) 좋아 보여요.

동사+지 말다

1. 1) 들어가지 마세요. 2) 버리지 마세요.
   3) 사지 말고 4) 먹지 말고
   5) 타지 말고 6) 찍지 마세요.
   7) 놀리지 마세요. 8) 다니지 마세요.
   9) 믿지 마세요. 10) 싸우지 말고

명사+전/후에

1. 1) 퇴근 후에 2) 일주일 후에
   3) 시험 전에 4) 결혼 전에
   5) 식사 후에

※꼭. 먹기 전에, 연 후에, 한 후에, 끝난 후에

명사+때문에

1. 1) 술과 담배 때문에 2) 약 때문에
   3) 일 때문에 4) 에어컨 때문에
   5) 컴퓨터 게임 때문에 6) 근육통 때문에
   7) 사랑하기 때문에 8) 공부했기 때문에

※꼭. 1. 그래서 2. 왜냐하면 3. 그래서
4. 왜냐하면

복습

1. **형용사+아/어/해 보이다**

기본형	형용사+아/어/해 보이다	기본형	형용사+아/어/해 보이다
적다	적어 보이다	멀다	멀어 보이다
무섭다	무서워 보이다	높다	높아 보이다
괜찮다	괜찮아 보이다	다양하다	다양해 보이다
기쁘다	기뻐 보이다	유명하다	유명해 보이다
외롭다	외로워 보이다	깨끗하다	깨끗해 보이다

듣고 말하기

1. 1) × 2) ○ 3) × 4) ×

읽고 쓰기

1. 1) 약국에 갔어요.
   2) 급하게 뛰어가다가 넘어져서 무릎을 다쳤어요. 피가 나고 피부도 벗겨져서 약국에 갔어요.
   3) 소독약하고 연고와 밴드를 주었어요.
   4) 먼저 소독을 한 다음에 연고를 바르고 밴드를 붙일 거예요.
2. 배가 아프고, 설사가 났습니다. 서울내과, 배탈

18과

동사/형용사+지요?

1. 1) 한국 사람이지요? 2) 좋아하지요?
   3) 알지요? 4) 점심약속 있지요?
   5) 가깝지요? 6) 갈 거지요?

tip. 많죠?

명사+처럼

1. 1) 베트남처럼 2) 너처럼 3) 인형처럼
   4) 곰처럼 5) 여름처럼 6) 별처럼
   7) 가족처럼

동사/형용사+는데

1. 1) 어려운데　2) 청소했는데　3) 있는데
   4) 없는데　5) 많은데　6) 낮인데
   7) 괜찮은데　8) 했는데　9) 갔는데

복습

3. **동사+는데, 형용사+(은)ㄴ데, 명사+인데**

기본형	동+는데, 형+(은)ㄴ데, 명+인데	기본형	동+는데, 형+(은)ㄴ데, 명+인데
깎다	깎는데	편리하다	편리한데
길다	긴데	노력하다	노력하는데
바쁘다	바쁜데	궁금하다	궁금한데
편하다	편한데	유창하다	유창한데
붙이다	붙이는데	친절하다	친절한데
예쁘다	예쁜데	방학	방학인데

듣고 말하기

1. 1) 봄이에요.
   2) 따뜻해요. 날씨가 좋아서 꽃이 많이 피어요. 그리고 가끔 미세먼지가 많아요.
   3) 꽃구경도 하고 사진도 찍어요.
   4) 가끔 미세먼지가 많아서 마스크를 써요.

읽고 쓰기

1. 1) 한국 드라마와 노래를 아주 좋아해서 한국어를 배워요.
   2) 주변에 한국 사람들이 없기 때문이에요.
   3) 앞으로 한국 영화나 드라마를 볼 때 자막 없이 보려고요.

19과

동사/형용사+아/어/해야 되다(하다)

1. 1) 기다려야 돼요.　2) 먹어야 돼요.
   3) 커야 돼요.　4) 들어야 돼요.
   5) 일해야 돼요.

명사+말고

1. 1) 대학교 말고　2) 여기 말고
   3) 피자 말고　4) 이것 말고
   5) 고기 말고　6) 의사가 되는 것 말고
   7) 축구 말고　8) 버스 말고

※꼭. 1) 꿈(이) 아니고　2) 부산(이) 아니고
   3) 학생(이) 아니고　4) 설탕(이) 아니고

동사/형용사+(을)ㄹ 것 같다

1. 1) 생길 것 같아요.　2) 없을 것 같아요.
   3) 안 될 것 같아요.　4) 좋아할 것 같아요.
   5) 필 것 같아요.　6) 없을 것 같아요.
   7) 출근할 것 같아요.　8) 끝날 것 같아요.
   9) 짤 것 같아요.　10) 올 것 같아요.

※꼭. 1) 말한 것 같아요.　2) 싸운 것 같아요.
   3) 자는 것 같아요.　4) 부는 것 같아요.

1) 행복했던 것 같아요.　2) 많은 것 같아요.
3) 불편할 것 같아요.　4) 통통했던 것 같아요.

1) 학생인 것 같아요.　2) 화가인 것 같아요.
3) 사진인 것 같아요.　4) 거짓말인 것 같아요.

복습

1. **동사/형용사+아/어/해야 되다(하다)**

기본형	동,형+아/어/해야 되다(하다)	기본형	동,형+아/어/해야 되다(하다)
멈추다	멈춰야 되다	참석하다	참석해야 되다
마시다	마셔야 되다	돌아가다	돌아가야 되다
배우다	배워야 되다	합격하다	합격해야 되다
이기다	이겨야 되다	취직하다	취직해야 되다

듣고 말하기

1. 1) ×　2) ×　3) ○　4) ○　5) ○

tip. 지반닐,　수항녀행,　콩닙,　맨닙

읽고 쓰기

1. 1) 매주 토요일 오후 2시입니다.
   2) 먼저, 수업 시간에는 핸드폰을 진동이나 무음모드로 설정해야 합니다. 둘째, 숙제는 수업 전까지 꼭 해야 합니다. 셋째, 모르는 단어가 있으면 미리 찾아 와야 합니다. 마지막으로 다 같이 책을 읽을 때도 큰 소리로 읽어야 합니다.
   3) 계속 즐겁게 공부해서 한국어 능력 시험에 도전하고 싶어요.

20과

동사/형용사+(으)면 좋겠다

1. 1) 나으면 좋겠어요. 2) 배우면 좋겠어요.
   3) 여자친구면 좋겠어요. 4) 하면 좋겠어요.
   5) 오면 좋겠어요. 6) 취업하면 좋겠어요.
   7) 이루어지면 좋겠어요. 8) 오르면 좋겠어요.
   9) 어른이 되면 좋겠어요.
   10) 슈퍼마켓이면 좋겠어요.

동사+(을)ㄹ 수 있다/없다

1. 1) 들어갈 수 없어요. 2) 찾을 수 있어요?
   3) 할 수 있어요? 4) 통화할 수 있어요?
   5) 깎을 수 없어요. 6) 퇴근할 수 없어요.
   7) 걸을 수 없어요. 8) 놀 수 있어?
   9) 믿을 수 없어. 10) 승진할 수 있어요.

동사+(을)ㄹ 줄 알다/모르다

1. 1) 사용할 줄 알아요? 2) 운전할 줄 몰라요.
   3) 마실 줄 몰라요. 4) 할 줄 아니까
   5) 다룰 줄 알아요. 6) 만들 줄 알아요?
   7) 할 줄 몰라요. 8) 탈 줄 몰라요.

복습

1. 동사/형용사+(으)면 좋겠다

기본형	동,형+(으)면 좋겠다	기본형	동,형+(으)면 좋겠다
유학하다	유학하면 좋겠다	취업하다	취업하면 좋겠다
(꿈을) 이루다	이루면 좋겠다	진학하다	진학하면 좋겠다
(자격증을) 따다	따면 좋겠다	건강하다	건강하면 좋겠다

듣고 말하기

1. 1) 한국어 선생님이에요.
   2) 외국어 공부가 재미있어요. 그리고 친구들이 모르는 것을 가르쳐 주는 일이 즐거워요.
   3) 한국어능력시험 고급 단계에 합격하거나 대학교에서 한국어를 전공해야 해요.
   4) 한국어능력시험에 도전할 거예요.

읽고 쓰기

1. 1) 내가 무엇을 좋아하고 무엇을 잘 하는지 생각해 보세요.
   2) 내가 잘할 수 있는 일과 할 줄 아는 일을 노트에 정리하고, 그 중에서 내가 가장 하고 싶은 일은 무엇인지 찾아보세요.

Gangnam Korean
강남 한국어 초급

초판인쇄 • 2024년 4월 2일
초판발행 • 2024년 4월 12일

기 획 • 정진화
지은이 • 김강남
일러스트레이터 • Daphne White

발행처 • 비홀드
등 록 • 2019년 8월 2일 제409-2019-000037호
주 소 • 경기도 김포시 월곶면 용강로57번길 86 B동 2호
이메일 • beholdbook@daum.net

©김강남, 2024
ISBN 979-11-93179-06-2 (13710)
값 25,000원

▫ 이 출판물은 저작권법에 의해 보호를 받는 저작물이므로 무단 전재와 무단 복제를 할 수 없습니다.
▫ 잘못된 책은 구입처에서 바꾸어 드립니다.